7日で読める！書ける！話せる！

ハングル超入門BOOK

鄭惠賢［著］

【CDの取り扱いについて】

ディスクをいつでもよい音でお聞きいただくために、次のことにご注意ください
● ディスクの信号面（文字や絵柄のない裏面）には細かい信号が入っているため、静電気でほこりが付着しただけで音が出なくなる場合があります。ディスクをはじめて取り出す際には、ビニールについた接着剤が付着しないようご注意ください。万一、指紋、汚れ、傷などをつけた場合には、やわらかい布を水で湿らせ、内側から外側に向かって放射状に軽く拭き取ってからお使いください
● ディスクには表裏にかかわらず、ペンなどで記入したり、シールを添付したりしないでください
● ひび割れや変形したディスクは使わないでください。プレイヤーの故障原因となります
● 直射日光の当たるところや高温多湿の場所には保存しないでください

はじめに

　ハングル（韓国の文字）を学ぼうと本書を手にしてくださったみなさま、ありがとうございます。みなさまをはじめ、多くの方が「ハングルは難しい…」とお感じだと思います。ハングルの形状は韓国独特のものなので、学ばなければただの記号にしか見えないでしょう。しかし韓国語の上達には、やはり、まずハングルの仕組みを理解することが大切です。

　私は数年にわたって日本の方々に韓国語を教えていますが、つねづねどうしたらハングルをわかりやすく説明できるか、早く文字を理解してもらえるかを考え、実践してきました。そのレッスンの中で著しく効果を上げたのが、この"ハングルカード"です。本書は、この方法を多くの方に知ってもらいたいとの一心で作られました。初めて学ぶ方はもちろん、一度かじって挫折してしまった方も、ぜひ本書でハングルをマスターしていただきたいと思います。

　「**시작이 반이다**（シジャギ バニダ）（ものごとは、始めてしまえば半分はできたも同然）」という意味のことわざがあります。本書で、ぜひハングルの学習を始めてみてください。「**시작이 반이다**」を、きっと実感できるはずです。

　この"ハングルカード"方式を紙面でわかりやすく伝えるため、さまざまな苦労もありましたが、本書は、制作にかかわったすべての方々のご協力なくしては生まれなかったと思っております。最後に、この場を借り、みなさまに厚くお礼を申し上げます。

著　者

この本の使い方

本書は付属のハングルカードを使って、7日間でハングル（韓国の文字）をマスターする入門書です。1日ずつゲーム感覚で楽しみながら、ハングルの発音を聴いて、読んで、書いて学習してください。

※ 本文中のハングルのローマ字表記は、文字の構造を理解するため便宜的に掲載したもので、発音記号などを表すものではありません。

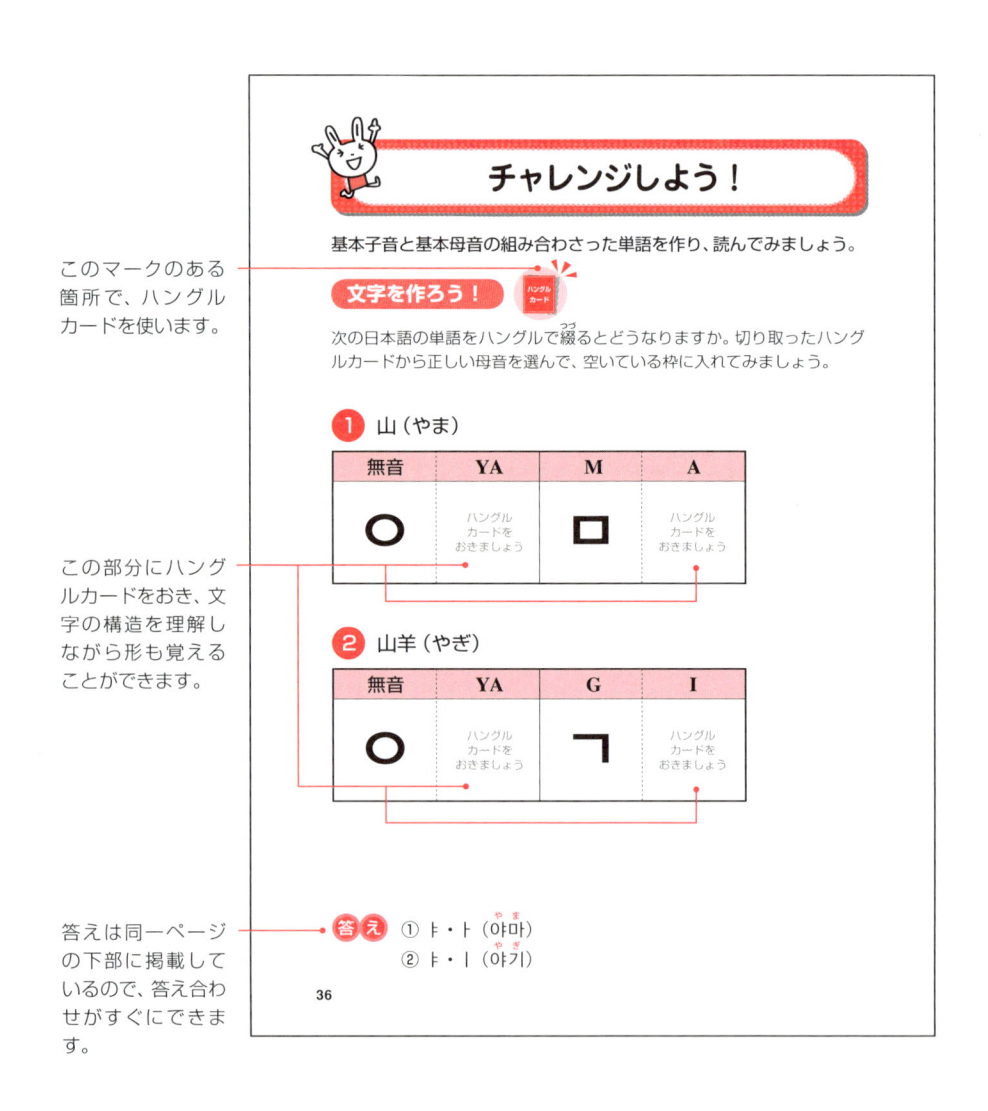

このマークのある箇所で、ハングルカードを使います。

この部分にハングルカードをおき、文字の構造を理解しながら形も覚えることができます。

答えは同一ページの下部に掲載しているので、答え合わせがすぐにできます。

チャレンジしよう！

基本子音と基本母音の組み合わさった単語を作り、読んでみましょう。

文字を作ろう！ ハングルカード

次の日本語の単語をハングルで綴るとどうなりますか。切り取ったハングルカードから正しい母音を選んで、空いている枠に入れてみましょう。

① 山（やま）

無音	YA	M	A
○	ハングルカードをおきましょう	ロ	ハングルカードをおきましょう

② 山羊（やぎ）

無音	YA	G	I
○	ハングルカードをおきましょう	ㄱ	ハングルカードをおきましょう

答え ① ㅑ・ㅏ（야마）
② ㅑ・ㅣ（야기）

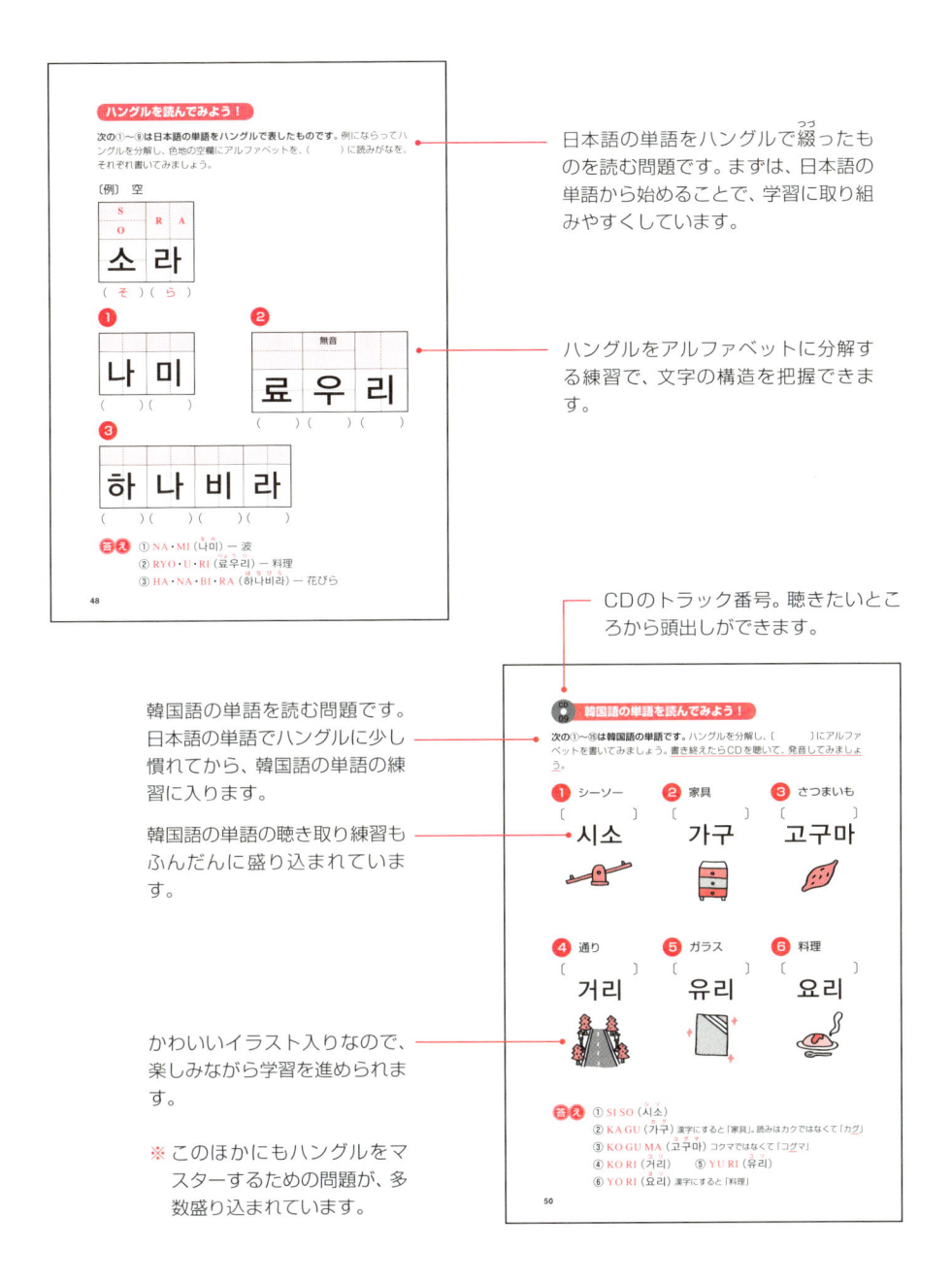

ハングルを読んでみよう！

次の①～③は日本語の単語をハングルで表したものです。例にならってハングルを分解し、色地の空欄にアルファベットを、（　）に読みがなを、それぞれ書いてみましょう。

〔例〕空

S		R	A
O			
소		라	
（そ）		（ら）	

①

나		미	
（　）		（　）	

② 無音

료		우		리	
（　）		（　）		（　）	

③

하		나		비		라	
（　）		（　）		（　）		（　）	

答え
① NA・MI（나미）― 波
② RYO・U・RI（료우리）― 料理
③ HA・NA・BI・RA（하나비라）― 花びら

→ 日本語の単語をハングルで綴ったものを読む問題です。まずは、日本語の単語から始めることで、学習に取り組みやすくしています。

→ ハングルをアルファベットに分解する練習で、文字の構造を把握できます。

→ CDのトラック番号。聴きたいところから頭出しができます。

韓国語の単語を読んでみよう！

次の①～⑥は韓国語の単語です。ハングルを分解し、〔　〕にアルファベットを書いてみましょう。書き終えたらCDを聴いて、発音してみましょう。

① シーソー　〔　　　〕
시소

② 家具　〔　　　〕
가구

③ さつまいも　〔　　　〕
고구마

④ 通り　〔　　　〕
거리

⑤ ガラス　〔　　　〕
유리

⑥ 料理　〔　　　〕
요리

答え
① SI SO（시소）
② KA GU（가구）漢字にすると「家具」。読みはカクではなくて「カグ」
③ KO GU MA（고구마）コグマではなくて「コグマ」
④ KO RI（거리）　⑤ YU RI（유리）
⑥ YO RI（요리）漢字にすると「料理」

→ 韓国語の単語を読む問題です。日本語の単語でハングルに少し慣れてから、韓国語の単語の練習に入ります。

→ 韓国語の単語の聴き取り練習もふんだんに盛り込まれています。

→ かわいいイラスト入りなので、楽しみながら学習を進められます。

※ このほかにもハングルをマスターするための問題が、多数盛り込まれています。

・「きほんの単語」では、単語の聴き取り、書き取り練習ができます。
・「きほんのフレーズ」では、発音のルールおよび文法の概要について学習した後、フレーズの発音練習ができます。ハングルを見ながら、CDの発音を繰り返し聴いて、正しい発音を身につけましょう。

7日で読める！書ける！話せる！
ハングル［超入門］BOOK
魔法のハングルカード付き

Contents

はじめに
この本の使い方……………………………………………………4

1日め

入門 ハングルの基本母音をマスター！

ハングルカードを使って始めよう！…10
　ハングルカードを準備しよう………10
　ハングルの基本母音は10個、
　　基本子音も10個………………10
　ハングルカードの使い方…………11
ハングルはこんなにカンタン！………12
　"ま"を作ってみよう………………12
　"り"を作ってみよう………………12
ハングルの構造はローマ字とそっくり！…13
基本母音10個をマスターしよう！……14

CDを聴いて発音してみよう！………14
日本語にない3つの音………………16
"や、ゆ、よ"は母音の仲間…………17
母音だけを文字で書き表すには…17
ハングルの組み立て方………………17
ためしに書き取り！…………………18
チャレンジしよう！……………………19
　文字を作ろう！……………………19
●今日のまとめ………………………20
☆クイズであそぼ！…………………20

2日め

入門 ハングルの基本子音をマスター！

基本子音10個をマスターしよう！…22
　CDを聴いて発音してみよう！……22
　ためしに書き取り！………………25
チャレンジしよう！……………………26
　子音と母音を選ぼう！……………26
　音を聴き取ろう！…………………27

文字を作ろう！………………………28
ハングルを読んでみよう！……………29
韓国語の単語を読んでみよう！……30
●今日のまとめ………………………32
☆クイズであそぼ！…………………32

3日め 基本 基本子音と基本母音をマスター！①

- 基本母音と基本子音のおさらい ……… 34
  - 10個の基本母音 ……………………… 34
  - 10個の基本子音 ……………………… 35
  - よく似た形の文字に注意！ ………… 35
- チャレンジしよう！ …………………… 36
  - 文字を作ろう！ ……………………… 36
- 音を聴き取ろう！ ……………………… 38
- ハングルを読んでみよう！ …………… 40
- 韓国語の単語を読んでみよう！ ……… 41
- ●今日のまとめ ………………………… 42
- ☆クイズであそぼ！ …………………… 42

4日め 基本 基本子音と基本母音をマスター！②

- チャレンジしよう！ …………………… 44
  - 文字を作ろう！ ……………………… 44
  - 音を聴き取ろう！ …………………… 46
  - ハングルを読んでみよう！ ………… 48
- 韓国語の単語を読んでみよう！ ……… 50
- ●今日のまとめ ………………………… 52
- ☆クイズであそぼ！ …………………… 52

5日め 応用 激音・濃音をマスター！

- 激音・濃音の文字をマスターしよう！ … 54
  - 激音・濃音にアレンジされる子音は5文字 .. 54
  - 激音のポイント ……………………… 55
  - 濃音のポイント ……………………… 55
- 激音・濃音の発音をマスターしよう！ … 56
  - CDを聴いて発音してみよう！ …… 56
- チャレンジしよう！ …………………… 58
  - 文字を作ろう！ 激音編 …………… 58
  - 文字を作ろう！ 濃音編 …………… 60
  - 韓国語の単語を読んでみよう！ …… 62
- ●今日のまとめ ………………………… 64
- ☆クイズであそぼ！ …………………… 64

6日め 応用 合成母音をマスター！

- 合成母音の仕組みを知ろう！ ………… 66
  - 文字を作ろう！ ……………………… 66
- 合成母音11個をマスターしよう！ … 68
  - CDを聴いて発音してみよう！ …… 68
  - ためしに書き取り！ ………………… 71
- 合成母音を基本子音と組み合わせると… 72
- CDを聴いて発音してみよう！ ……… 72
- チャレンジしよう！ …………………… 73
  - ハングルを読んでみよう！ ………… 73
  - 韓国語の単語を読んでみよう！ …… 75
- ●今日のまとめ ………………………… 76
- ☆クイズであそぼ！ …………………… 76

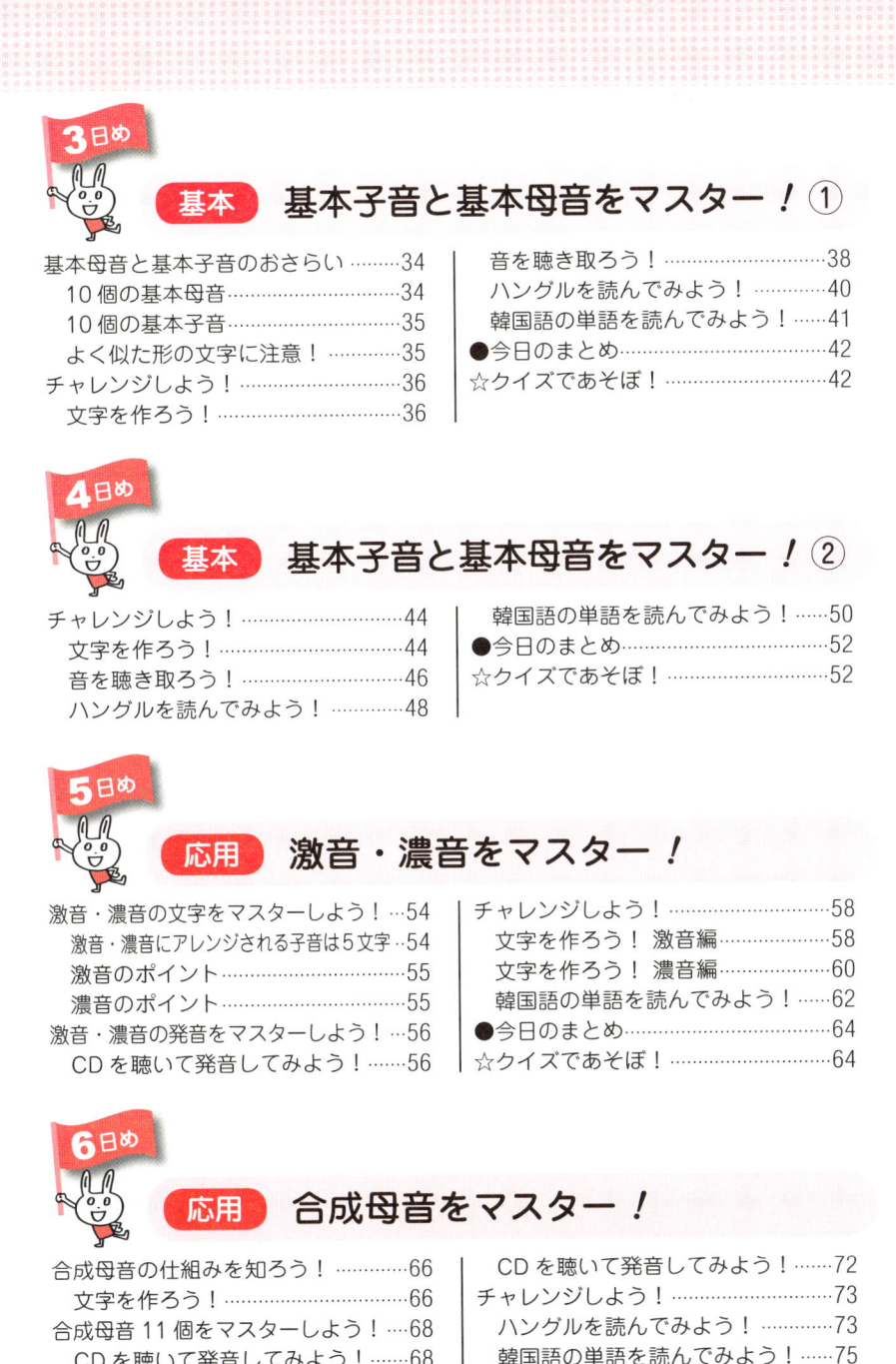

7日め　応用　パッチムをマスター！

パッチムの仕組みを知ろう！…………78
　文字を作ろう！………………………78
7つのパッチムをマスターしよう！…80
　CDを聴いて発音してみよう！……80
　ためしに書き取り！…………………83

チャレンジしよう！……………………84
　ハングルを読んでみよう！…………84
　韓国語の単語を読んでみよう！……85
●今日のまとめ…………………………86
☆クイズであそぼ！……………………86

きほんの単語

飲食店で使う単語…………………………88
　CDを聴いて発音してみよう！……88
　ためしに書き取り！…………………89
ショッピングで使う単語…………………90
　CDを聴いて発音してみよう！……90
　ためしに書き取り！…………………91
旅行で使える単語❶………………………92
　CDを聴いて発音してみよう！……92
　ためしに書き取り！…………………93
旅行で使える単語❷………………………94
　CDを聴いて発音してみよう！……94
　ためしに書き取り！…………………95
☆クイズであそぼ！………………………96

きほんのフレーズ

発音の変化のルール………………………98
　ルール1　連音化……………………98
　ルール2　鼻音化……………………98
　ルール3　濁音化……………………99
　ルール4　濃音化……………………99
きほんの文法………………………………100
　きほん1　語順が同じ………………100
　きほん2　助詞がある………………100
　きほん3　用言の活用がある………101
　きほん4　丁寧な表現、くだけた表現がある…101
あいさつのフレーズ………………………102
自己紹介のフレーズ………………………104
ショッピングで使うフレーズ……………106
飲食店で使うフレーズ……………………108
観光で使うフレーズ………………………110

コーディネート　安才由紀恵
編集・DTP　（株）エディポック
本文イラスト　the rocket gold star
ナレーション　韓国語　李　美賢
　　　　　　　日本語　水月優希
録音　（財）英語教育協議会（ELEC）
校正　（株）ぷれす
撮影　森カズシゲ

1日め

入門

ハングルの基本母音をマスター！

「ハングルは記号にしか見えない…」そんなふうに思っていませんか？　しかし本当は、ハングルは仕組みがわかれば誰でも覚えられる簡単な文字なのです。さあ、カードを使って楽しみながら、ハングルの練習を始めましょう！

今日、マスターする文字は…

ア	ヤ	オ	ヨ
아	야	어	여
オ	ヨ	ウ	ユ
오	요	우	유
ウ	イ		
으	이		

1日め ハングルカードを使って始めよう！

本書では、付属のハングルカードを活用して、ハングル（韓国の文字）を学習していきます。

ハングルカードを準備しよう

まずは付属のハングルカードを取り出し、点線に沿って切り分けます。カードを切り取ったら、基本母音のグループ、基本子音のグループに分けておきましょう。

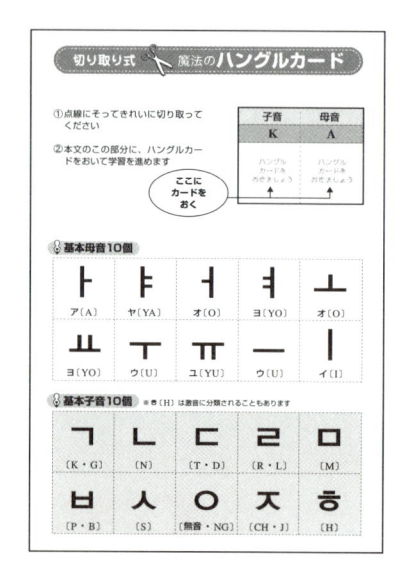

ハングルの基本母音は10個、基本子音も10個

ハングルカードには、韓国語の基本母音10個、基本子音10個があります。切り取ったハングルカードの中から、まず基本母音を選び出し、次の順番に沿って並べてください。

＜基本母音10個＞

ア	ヤ	オ	ヨ	オ	ヨ	ウ	ユ	ウ	イ
〔A〕	〔YA〕	〔O〕	〔YO〕	〔O〕	〔YO〕	〔U〕	〔YU〕	〔U〕	〔I〕
ㅏ	ㅑ	ㅓ	ㅕ	ㅗ	ㅛ	ㅜ	ㅠ	ㅡ	ㅣ

今度は、切り取ったハングルカードの中から基本子音を選び出し、次の順番に沿って並べてください。

＜基本子音10個＞

〔K・G〕〔N〕〔T・D〕〔R〕〔M〕〔P・B〕〔S〕〔無音〕〔CH・J〕〔H〕

ㄱ ㄴ ㄷ ㄹ ㅁ ㅂ ㅅ ㅇ ㅈ ㅎ

これで学習の用意ができました。

ハングルカードの使い方

のマークが付いている箇所でハングルカードを活用します。
切り取ったハングルカードから、基本母音、基本子音を選んで、それぞれの枠におきながら、学習を進めていきます。

〔例〕山羊（やぎ）

無音	YA	G	I
ㅇ	ハングルカードをおきましょう	ㄱ	ハングルカードをおきましょう

ここに基本母音のカードをおきます。黄色のカードが基本母音のカードです。

〔例〕浜（はま）

H	A	M	A
ハングルカードをおきましょう	ㅏ	ハングルカードをおきましょう	ㅏ

ここに基本子音のカードをおきます。グレーのカードが基本子音のカードです。

1日め　ハングルの基本母音をマスター！

ハングルはこんなにカンタン！

韓国の文字であるハングルは、非常にシンプルで合理的な文字です。
まずはハングルカードを使って、文字の構造を理解してみましょう。

"ま"を作ってみよう

切り取ったハングルカードから、ㅁを選んで左の枠に、ㅏを選んで右の枠にそれぞれ入れてみましょう。

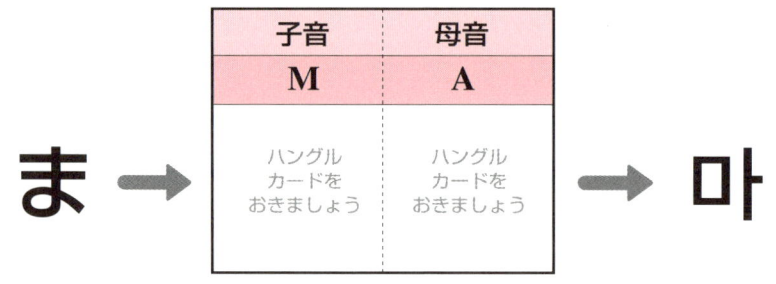

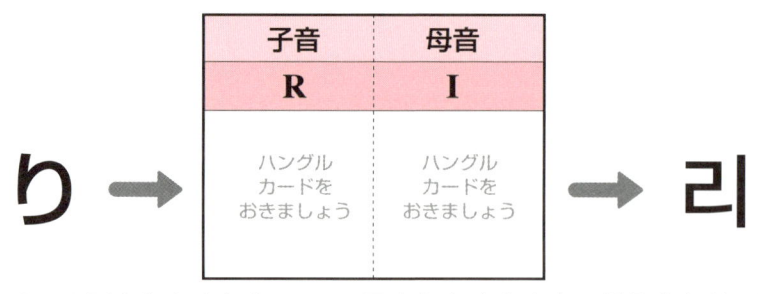

子音	母音
M	A
ハングルカードをおきましょう	ハングルカードをおきましょう

ま → → 마

このMの子音を表す文字ㅁ、Aの母音を表す文字ㅏの組み合わせで마、"ま"と読みます。

"り"を作ってみよう

切り取ったハングルカードから、ㄹを選んで左の枠に、ㅣを選んで右の枠にそれぞれ入れてみましょう。

子音	母音
R	I
ハングルカードをおきましょう	ハングルカードをおきましょう

り → → 리

このRの子音を表す文字ㄹ、Iの母音を表す文字ㅣの組み合わせで리、"り"と読みます。

ハングルの構造はローマ字とそっくり！

ハングルの마と리を作ってみて、何かに気づきませんか。そう、ローマ字の構造とそっくりなのです。

```
M + A = M A (ま)   ㅁ(M) + ㅏ(A) = 마(ま)
R + I = R I (り)   ㄹ(R) + ㅣ(I) = 리(り)
```

ハングルはこのように、基本的に子音と母音のパーツの組み合わせでできています。

また子音と母音は次のように、上下に組み合わせる場合もあります。並べる位置は子音が左か上、母音が右か下、と決まっています。

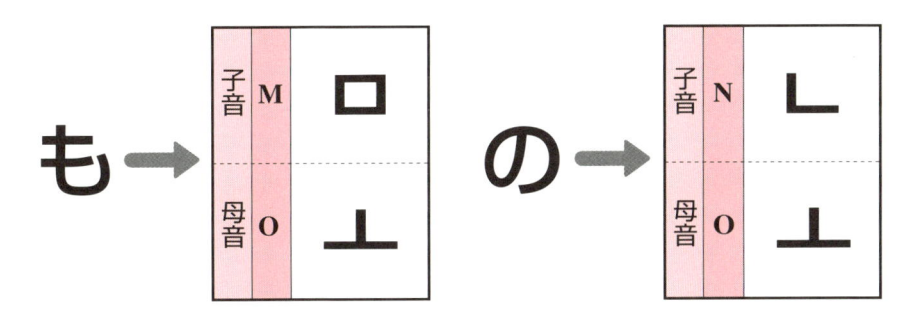

も→ 子音 M ㅁ / 母音 O ㅗ

の→ 子音 N ㄴ / 母音 O ㅗ

```
M + O = M O (も)   ㅁ(M) + ㅗ(O) = 모(も)
N + O = N O (の)   ㄴ(N) + ㅗ(O) = 노(の)
```

仕組みがわかるとあんなに難しく見えたハングルがグッと身近に感じられませんか。次のページからは、ハングルの基本母音（日本語でいうところの"あいうえお"）を学習していきます。

1日め　ハングルの基本母音をマスター！

基本母音10個をマスターしよう！

韓国語の母音は全部で21個あります。このうち基本的な母音（基本母音）は10個だけ。残りの11個は基本母音を組み合わせた音（合成母音）です。まず、基本母音10個の文字の形を確認し、発音を練習しましょう。※合成母音は「6日め」をごらんください

CDを聴いて発音してみよう！

ア〔A〕

ト

日本語の「あ」とほぼ同じ音です。縦に重ねた指3本が入るくらい、口を大きく開けます。

ヤ〔YA〕

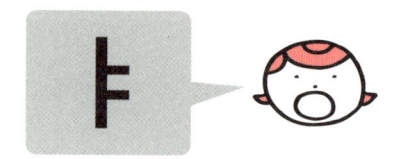

ㅑ

ト（ア）に横棒を1本足した文字。日本語の「や」とほぼ同じ音です。

オ〔O〕

ㅓ

日本語の「あ」の口の開け方で「お」と発音します。縦に重ねた指2本が入るくらい、口を開きます。

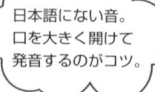

> 日本語にない音。口を大きく開けて発音するのがコツ。

ヨ〔YO〕

ㅕ

ㅓ（オ）に横棒を1本足した文字。日本語の「や」の口の開け方で「よ」と発音します。口は、ㅓほど大きくは開けません。

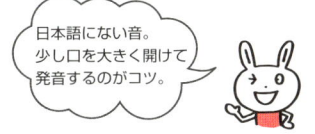

> 日本語にない音。少し口を大きく開けて発音するのがコツ。

オ〔O〕

ㅗ

日本語の「お」とほぼ同じ音です。口をすぼめ、指1本が入るくらいの大きさに開けて発音します。

ヨ〔YO〕

ㅛ

ㅗ（オ）に縦棒を1本足した文字。日本語の「よ」とほぼ同じ音です。

ウ〔U〕

ㅜ

日本語の「う」とほぼ同じ音です。ただし、日本語の「う」より、唇を突き出すように発音します。

①日め　ハングルの基本母音をマスター！

15

ユ〔YU〕

ㅠ

ㅜ（ウ）に縦棒を1本足した文字。日本語の「ゆ」とほぼ同じ音です。

ウ〔U〕

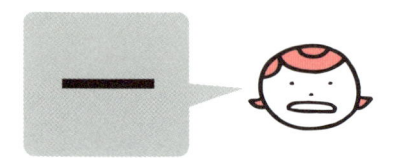

ㅡ

日本語の「う」とは少し違う音です。唇を横に引いて発音します。

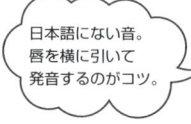

> 日本語にない音。唇を横に引いて発音するのがコツ。

イ〔I〕

ㅣ

日本語の「い」とほぼ同じ音です。ただし、日本語の「い」より、唇を横に引いて発音します。

日本語にない3つの音

基本母音10個のうち、日本語にはない音があります。それは、① **口を大きく開けるㅓ〔O〕**、② **少し口を大きく開けるㅕ〔YO〕**、③ **唇を横に引いて発音するㅡ〔U〕**の3つです。

オ ㅓ　　ヨ ㅕ　　ウ ㅡ

"や、ゆ、よ"は母音の仲間

日本語の感覚では、たとえば「や」なら子音Yに母音Aが付いて「や(YA)」なのでは？　と思うところですよね。しかし**韓国語では、「や(YA)」「ゆ(YU)」「よ(YO)」は、母音の「あ(A)」「う(U)」「お(O)」が変化した母音の仲間ととらえます。**

母音だけを文字で書き表すには…

ハングルは、子音を表す文字と母音を表す文字の組み合わせで成り立っています。子音の付かない母音は、子音の代わりに無音を表す文字 ㅇ（音を持たない文字）を組み合わせて、初めて1つの文字になります。

〔例〕

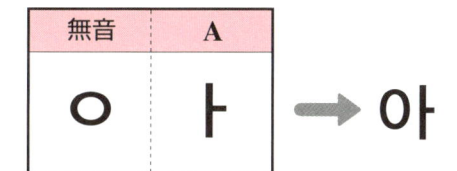

無音	A
ㅇ	ㅏ

→ 아

ハングルの組み立て方

ハングルの組み合わせは、2とおりです。

① **長い縦棒のある母音字は右**

〔例〕

左	右
無音	O
ㅇ	ㅓ

→ 어

② **長い横棒のある母音字は下**

〔例〕

	無音	ㅇ
上		
下	U	ㅜ

→ 우

1日め　ハングルの基本母音をマスター！

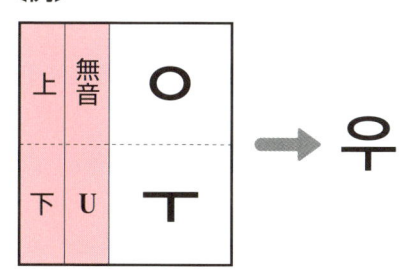

ためしに書き取り！

基本母音10個の書き取りをしましょう。

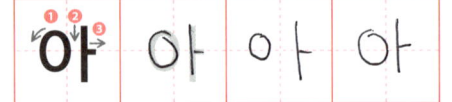

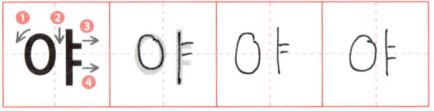

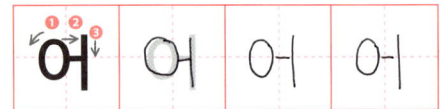

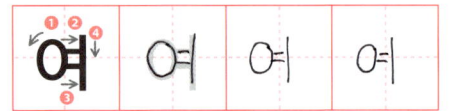

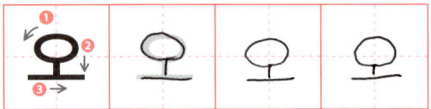

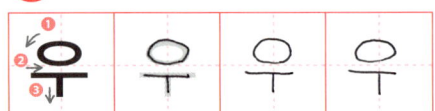

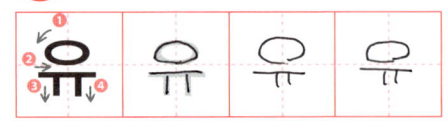

ア 〔A〕

| 아 | 아 | 아 | 아 |

ヤ 〔YA〕

| 야 | 야 | 야 | 야 |

オ 〔O〕

| 어 | 어 | 어 | 어 |

ヨ 〔YO〕

| 여 | 여 | 여 | 여 |

オ 〔O〕

| 오 | 오 | 오 | 오 |

ヨ 〔YO〕

| 요 | 요 | 요 | 요 |

ウ 〔U〕

| 우 | 우 | 우 | 우 |

ユ 〔YU〕

| 유 | 유 | 유 | 유 |

ウ 〔U〕

| 으 | 으 | 으 | 으 |

イ 〔I〕

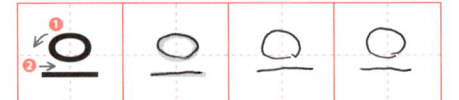

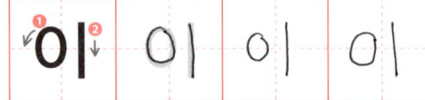

| 이 | 이 | 이 | 이 |

チャレンジしよう！

1日め　ハングルの基本母音をマスター！

基本母音でできる単語を作り、読んで練習しましょう。

文字を作ろう！

次の日本語の単語をハングルで綴るとどうなりますか。切り取ったハングルカードから正しい母音を選んで、空いている枠に入れてみましょう。

❶ 愛（あい）

無音	A	無音	I
○	ハングルカードをおきましょう	○	ハングルカードをおきましょう

❷ お湯（おゆ）

無音		無音	
○	○		
O	ハングルカードをおきましょう	YU	ハングルカードをおきましょう

答え　① ㅏ・ㅣ（아이）
　　　　② ㅗ・ㅠ（오유）

今日のまとめ

基本母音の発音は全部で10個です。ㅓ〔O〕、ㅕ〔YO〕、ㅡ〔U〕の音は日本語にないので、CDでよく聴いて練習しましょう。

❓ クイズであそぼ！

ひらがなの発音に近いハングルを探して、線でつなぎましょう。

あ・　　　　・우
い・　　　　・야
う・　　　　・아
お・　　　　・요
や・　　　　・이
ゆ・　　　　・유
よ・　　　　・오

答え あ：아　い：이　う：우　お：오　や：야　ゆ：유　よ：요

2日め 入門

ハングルの基本子音をマスター！

今日は、基本子音10個を練習します。「1日め」の基本母音、「2日め」の基本子音がわかれば、ハングルをマスターできたも同然！残りの文字は、基本母音、基本子音のアレンジでできています。まずは、基本子音を覚えましょう。

今日、マスターする文字は…

カ・ガ	ナ	タ・ダ	ラ
가	나	다	라

マ	バ・バ	サ	ア
마	바	사	아

チャ・ジャ	ハ
자	하

2日め 基本子音10個をマスターしよう！

韓国語の子音は全部で19個あります。このうち基本的な子音（基本子音）は10個だけ。残り9個は基本子音のアレンジ（息を吐き出す音"激音"と、息がつまる音"濃音"があります）です。まず、基本子音10個の文字の形を確認し、発音を練習しましょう。

※激音、濃音は「5日め」をごらんください

CD 03 CDを聴いて発音してみよう！

カ・ガ〔KA・GA〕

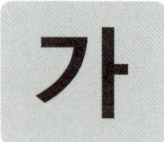

가 〔K・G〕

「か」と「が」の中間の音です。語頭では少し濁った「か」ですが、語中では「が」になります。ㄱは舌の奥の部分でのどをふさいだ形を表しています。

ナ〔NA〕

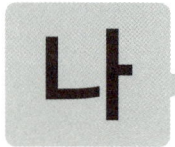

나 〔N〕

日本語の「な」とほぼ同じです。ㄴは舌の先を前歯の裏に付けている形。少し鼻にかけて発音します。

タ・ダ〔TA・DA〕

다

〔T・D〕

「た」と「だ」の中間の音です。語頭では少し濁った「た」ですが、語中では「だ」になります。ㄷも舌の先を前歯の裏に付けます。

ラ〔RA〕

라

〔R〕

日本語の「ら」とほぼ同じです。ㄹは舌を上あごに巻きあげ、舌先を前に突き出すように発音します。

マ〔MA〕

마

〔M〕

日本語の「ま」とほぼ同じです。ㅁは口をしっかり閉じた状態から発音します。

パ・バ〔PA・BA〕

바

〔P・B〕

「ぱ」と「ば」の中間の音です。語頭では少し濁った「ぱ」ですが、語中では「ば」になります。ㅂは口を閉じた状態から唇に響かせるように発音します。

2日め　ハングルの基本子音をマスター！

サ〔SA〕

사 〔S〕

日本語の「さ」とほぼ同じです。ㅅは上の歯と下の歯の間から空気を少し吐き出しながら発音します。

ア〔A〕

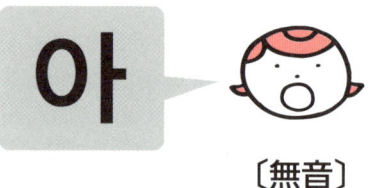

아 〔無音〕

母音と組み合わせる場合は無音を表しますが、パッチムの場合は口を開けて発音する「ン（NG）」を表します。ㅇは開いた口の形を表しています。

※パッチムは「7日め」をごらんください

チャ・ジャ〔CHA・JA〕

자 〔CH・J〕

「ちゃ」と「じゃ」の中間の音です。語頭では少し濁った「ちゃ」ですが、語中では「じゃ」になります。ㅈは舌を前歯のうしろに付けてその舌を引っ込めるようにして発音します。

ハ〔HA〕

하 〔H〕

日本語の「は」とほぼ同じです。ㅎはのどに空気を入れて吐き出すように発音します。

ためしに書き取り！

基本子音10個の書き取りをしましょう。

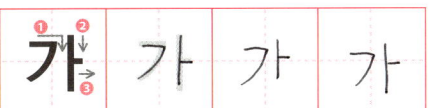

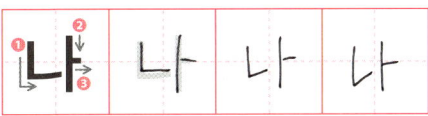

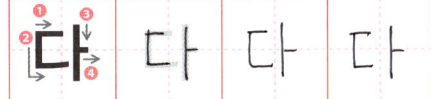

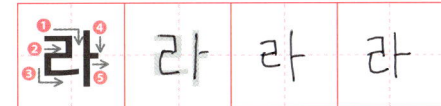

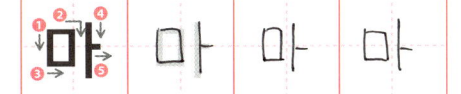

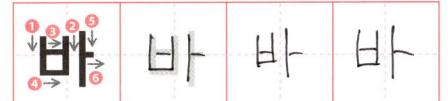

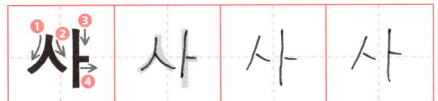

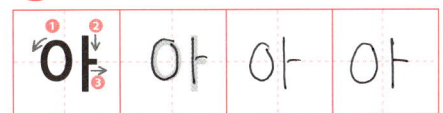

カ・ガ 〔KA・GA〕
| 가 | 가 | 가 | 가 |

ナ 〔NA〕
| 나 | 나 | 나 | 나 |

タ・ダ 〔TA・DA〕
| 다 | 다 | 다 | 다 |

ラ 〔RA〕
| 라 | 라 | 라 | 라 |

マ 〔MA〕
| 마 | 마 | 마 | 마 |

パ・バ 〔PA・BA〕
| 바 | 바 | 바 | 바 |

サ 〔SA〕
| 사 | 사 | 사 | 사 |

ア 〔A〕
| 아 | 아 | 아 | 아 |

チャ・ジャ 〔CHA・JA〕
| 자 | 자 | 자 | 자 |

ハ 〔HA〕
| 하 | 하 | 하 | 하 |

2日め　ハングルの基本子音をマスター！

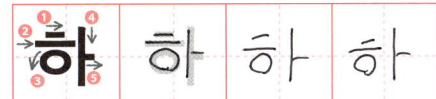

チャレンジしよう！

基本子音でできる単語を作ったり読んだり、韓国語の単語を発音したりしてみましょう。

子音と母音を選ぼう！

次の文字のうち、基本子音10個を□で、基本母音10個を○で囲んでみましょう。

ㅑ	ㅎ	ㄱ	ㅈ	ㅓ
ㅏ	ㄴ	ㅗ	ㅛ	ㅡ
ㄷ	ㅣ	ㄹ	ㅜ	ㅕ
ㅁ	ㅂ	ㅅ	ㅠ	ㅇ

答え

(ㅑ)	[ㅎ]	[ㄱ]	[ㅈ]	(ㅓ)
(ㅏ)	[ㄴ]	(ㅗ)	(ㅛ)	(ㅡ)
[ㄷ]	(ㅣ)	[ㄹ]	(ㅜ)	(ㅕ)
[ㅁ]	[ㅂ]	[ㅅ]	(ㅠ)	[ㅇ]

音を聴き取ろう！ (CD 04) 〈ハングルカード〉

CDの発音を聴いて、切り取ったハングルカードから正しい子音を選んで、空いている枠に入れてみましょう。

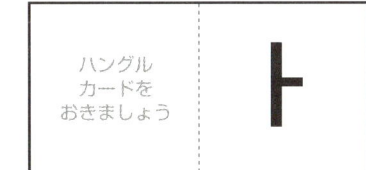

1 ハングルカードをおきましょう ｜ ト

2 ハングルカードをおきましょう ｜ ト

3 ハングルカードをおきましょう ｜ ト

4 ハングルカードをおきましょう ｜ ト

5 ハングルカードをおきましょう ｜ ト

6 ハングルカードをおきましょう ｜ ト

7 ハングルカードをおきましょう ｜ ト

8 ハングルカードをおきましょう ｜ ト

答え ① ㄱ (가 カ) ② ㄴ (나 ナ) ③ ㄷ (다 タ) ④ ㄹ (라 ラ)
⑤ ㅁ (마 マ) ⑥ ㅂ (바 パ) ⑦ ㅅ (사 サ) ⑧ ㅇ (아 ア)

2日め　ハングルの基本子音をマスター！

文字を作ろう！　ハングルカード

次の日本語の単語をハングルで綴るとどうなりますか。切り取ったハングルカードから正しい子音を選んで、空いている枠に入れてみましょう。

① 朝（あさ）

無音	A	S	A
ハングルカードをおきましょう	ㅏ	ハングルカードをおきましょう	ㅏ

② 浜（はま）

H	A	M	A
ハングルカードをおきましょう	ㅏ	ハングルカードをおきましょう	ㅏ

③ 奈良（なら）

N	A	R	A
ハングルカードをおきましょう	ㅏ	ハングルカードをおきましょう	ㅏ

答え ① ㅇ・ㅅ（아사）　② ㅎ・ㅁ（하마）　③ ㄴ・ㄹ（나라）

ハングルを読んでみよう！

次の①〜④は日本語の単語をハングルで表したものです。例にならってハングルを分解し、色地の空欄にアルファベットを、（　　）に読みがなを、それぞれ書いてみましょう。

〔例〕

M	A	D	A
마		다	

（　ま　）（　だ　）

①

無音	A		A
아		마	

（　　）（　　）

②

	A		A
사		바	

（　　）（　　）

③

	A		A
나		다	

（　　）（　　）

④

	A		A
사		가	

（　　）（　　）

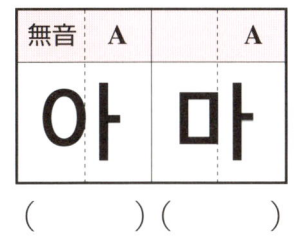

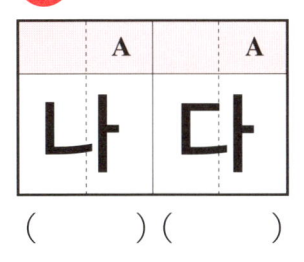

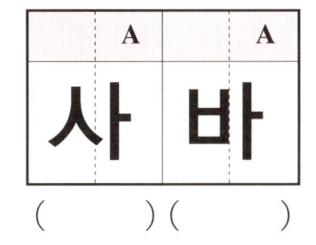

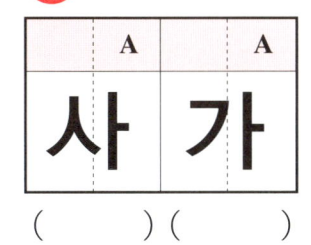

答え　① A・MA（아마）— 尼（あま）
② SA・BA（사바）— 鯖（さば）
③ NA・DA（나다）— 灘（なだ）
④ SA・GA（사가）— 佐賀（さが）

2日め　ハングルの基本子音をマスター！

韓国語の単語を読んでみよう！

次の①〜⑩は韓国語の単語です。例にならってハングルを分解し、色地の空欄にアルファベットを書いてみましょう。書き終えたらCDを聴いて、発音してみましょう。

〔例〕子ども

無音	A	無音	I
아		이	

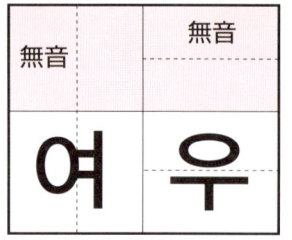

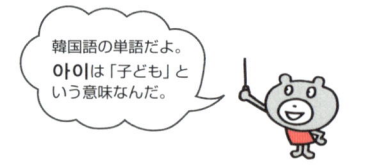

韓国語の単語だよ。**아이**は「子ども」という意味なんだ。

1 きゅうり

無音		
	無音	
오	이	

2 牛乳

無音	無音
우	유

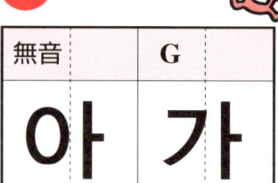

3 きつね

無音		
	無音	
여	우	

4 赤ちゃん

無音	G
아	가

答え
① O・I（오이) オイキムチの「オイ」
② U・YU（우유）
③ YO・U（여우） 少し口を大きく開ける「ヨ」
④ A・GA（아가） アカではなくて「アガ」

⑤ ライオン

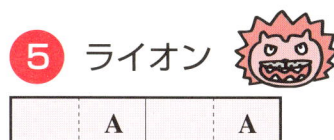

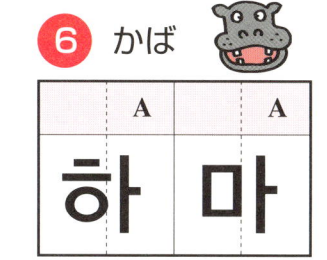

A	A
사	자

⑥ かば

A	A
하	마

⑦ 行く

A	A
가	다

⑧ 買う

A	A
사	다

⑨ ～する

A	A
하	다

⑩ 国

A	A
나	라

2日め　ハングルの基本子音をマスター！

答え
⑤ SA・JA（사자 サジャ）サチャではなくて「サジャ」
⑥ HA・MA（하마 ハマ）
⑦ KA・DA（가다 カダ）カタではなくて「カダ」
⑧ SA・DA（사다 サダ）サタではなくて「サダ」
⑨ HA・DA（하다 ハダ）ハタではなくて「ハダ」
⑩ NA・RA（나라 ナラ）

今日のまとめ

子音は全部で19個あります。このうち基本的な子音（基本子音）は10個だけです。CDでよく聴いて練習しましょう。

❓ クイズであそぼ！

가(カ) → **나**(ナ) → **다**(タ) → **라**(ラ) → **마**(マ) → **바**(バ) → **사**(サ) → **아**(ア) → **자**(チャ) の順にたどってみましょう。ゴールでゲットできる宝物は何でしょう？

スタート！

가	너	샤	버	갸
나	다	리	먀	뷔
더	라	마	바	사
러	미	버	샤	아
며	뱌	시	야	자

ゴール！

答え 金貨が入った宝箱

3日め 基本

基本子音と基本母音をマスター！①

今日は、基本子音と基本母音の組み合わせでできる文字を練習します。今日の学習を終えれば、かなりのハングルが書いたり、読んだりできるようになります。がんばって練習しましょう。

今日、マスターする文字は…

_{カ・ガ} 가の行	_ナ 나の行
_{タ・ダ} 다の行	_ラ 라の行
_マ 마の行	_{バ・バ} 바の行
_サ 사の行	_ア 아の行
_{チャ・ジャ} 자の行	_ハ 하の行

3日め 基本母音と基本子音のおさらい

まずは、「1日め」と「2日め」で学習した基本母音10個、基本子音10個を簡単におさらいしてみましょう。

10個の基本母音

切り取ったハングルカードの中から基本母音を選び出し、次のように並べてください。

ア	ヤ	オ	ヨ	オ	ヨ	ウ	ユ	ウ	イ
〔A〕	〔YA〕	〔O〕	〔YO〕	〔O〕	〔YO〕	〔U〕	〔YU〕	〔U〕	〔I〕
ㅏ	ㅑ	ㅓ	ㅕ	ㅗ	ㅛ	ㅜ	ㅠ	ㅡ	ㅣ

10個の基本母音のうち、日本語にない音は次の3個です。

オ〔O〕　　ヨ〔YO〕　　ウ〔U〕
ㅓ　　　　ㅕ　　　　　ㅡ

ㅓは、日本語の「あ」の口の開け方で「お」と発音します。
ㅕは、日本語の「や」の口の開け方で「よ」と発音します。
ㅡは、唇を横に引いて発音します。

10個の基本子音

切り取ったハングルカードの中から基本子音を選び出し、次のように並べてください。

〔K・G〕　〔N〕　〔T・D〕　〔R〕　〔M〕　〔P・B〕　〔S〕　〔無音〕〔CH・J〕〔H〕

ㄱ　ㄴ　ㄷ　ㄹ　ㅁ　ㅂ　ㅅ　ㅇ　ㅈ　ㅎ

10個の基本子音のうち、語中で濁るのは次の4個です。

〔K・G〕　　〔T・D〕　　〔P・B〕　　〔CH・J〕

ㄱ　　　ㄷ　　　ㅂ　　　ㅈ

가 は、語頭ではカ〔KA〕、語中ではガ〔GA〕です。
다 は、語頭ではタ〔TA〕、語中ではダ〔DA〕です。
바 は、語頭ではパ〔PA〕、語中ではバ〔BA〕です。
자 は、語頭ではチャ〔CHA〕、語中ではジャ〔JA〕です。

よく似た形の文字に注意！

基本母音10個、基本子音10個、あわせて20個のカードは並べられましたか。
基本母音は、ㅏ〔A〕とㅓ〔O〕、ㅗ〔O〕とㅜ〔U〕など形のよく似ているものがあります。
基本子音にも、ㄱ〔K・G〕とㄴ〔N〕、ㅁ〔M〕とㅂ〔P・B〕など形の似ているものがあります。
文字の形をよく見て、並び順を確認してみてください。ひととおり文字を並べられたら、基本子音と基本母音の組み合わせでできる文字の練習に進みましょう。

3日め　基本子音と基本母音をマスター！①

チャレンジしよう！

基本子音と基本母音の組み合わさった単語を作り、読んでみましょう。

文字を作ろう！　ハングルカード

次の日本語の単語をハングルで綴るとどうなりますか。切り取ったハングルカードから正しい母音を選んで、空いている枠に入れてみましょう。

① 山（やま）

無音	YA	M	A
○	ハングルカードをおきましょう	ロ	ハングルカードをおきましょう

② 山羊（やぎ）

無音	YA	G	I
○	ハングルカードをおきましょう	ㄱ	ハングルカードをおきましょう

答え　① ㅑ・ㅏ（야마）
② ㅑ・ㅣ（야기）

③ 乗る（のる）

N	ㄴ	R	ㄹ
O	ハングルカードをおきましょう	U	ハングルカードをおきましょう

④ 夜（よる）

無音	ㅇ	R	ㄹ
YO	ハングルカードをおきましょう	U	ハングルカードをおきましょう

⑤ 毬（まり）

M	A	R	I
ㅁ	ハングルカードをおきましょう	ㄹ	ハングルカードをおきましょう

答え ③ ㅗ・ㅜ（노루）　④ ㅛ・ㅜ（요루）　⑤ ㅏ・ㅣ（마리）

3日め　基本子音と基本母音をマスター！①

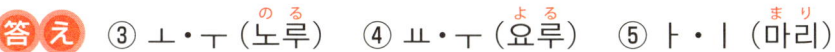

音を聴き取ろう！

CD 06 ハングルカード

CDを聴いて、切り取ったハングルカードから正しい子音を選んで、空いている枠に入れてみましょう。

1
P	YA
ハングルカードをおきましょう	ㅑ

2
CH	O
ハングルカードをおきましょう	ㅓ

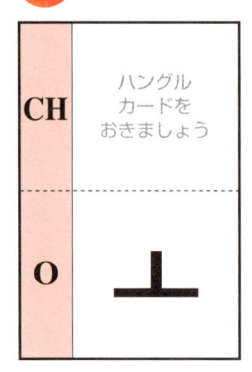

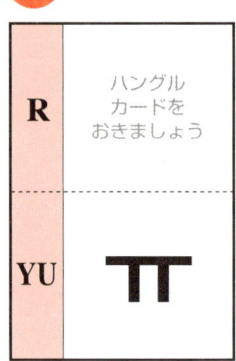

3
CH	ハングルカードをおきましょう
O	ㅗ

4
R	ハングルカードをおきましょう
YU	ㅠ

5
T	ハングルカードをおきましょう
U	ㅡ

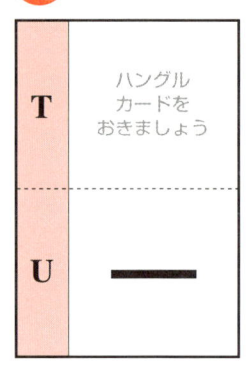

答え
① ㅂ（뺘ピャ）ㅂ ＋ ㅑ で「ピャ」
② ㅈ（저チョ）ㅈ ＋ ㅓ で「チョ」。口を大きく開ける「チョ」
③ ㅈ（조チョ）ㅈ ＋ ㅗ で「チョ」。日本語の「チョ」とほぼ同じ音です
④ ㄹ（류リュ）ㄹ ＋ ㅠ で「リュ」
⑤ ㄷ（드トゥ）ㄷ ＋ ㅡ で「トゥ」。唇を横に引く「トゥ」

6

R	I
ハングル カードを おきましょう	｜

7

T	YO
ハングル カードを おきましょう	ㅕ

8

N	ハングル カードを おきましょう
O	ㅗ

9

M	ハングル カードを おきましょう
YO	ㅛ

10

H	ハングル カードを おきましょう
U	ㅜ

11

K	YA
ハングル カードを おきましょう	ㅑ

12

S	YO
ハングル カードを おきましょう	ㅕ

答え
⑥ ㄹ (리) ㄹ＋ ｜で「リ」
⑦ ㄷ (뎌) ㄷ＋ ㅕで「ティヨ」。口を大きく開ける「ティヨ」
⑧ ㄴ (노) ㄴ＋ ㅗで「ノ」　⑨ ㅁ (묘) ㅁ＋ ㅛで「ミョ」
⑩ ㅎ (후) ㅎ＋ ㅜで「フ」　⑪ ㄱ (갸) ㄱ＋ ㅑで「キャ」
⑫ ㅅ (셔) ㅅ＋ ㅕで「ショ」。口を大きく開ける「ショ」

3日め　基本子音と基本母音をマスター！①

ハングルを読んでみよう！

次の①〜④は日本語の単語をハングルで表したものです。例にならってハングルを分解し、色地の空欄にアルファベットを、（　　）に読みがなを、それぞれ書いてみましょう。

〔例〕海

無音 / U	M	I
우	미	

（ う ）（ み ）

①

모	리

（　　）（　　）

②

수	기

（　　）（　　）

③

마	루

（　　）（　　）

④

無音	
유	미

（　　）（　　）

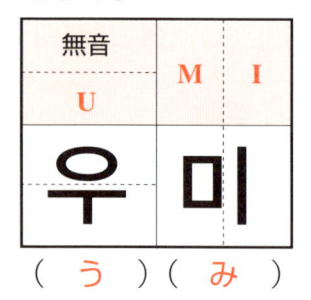

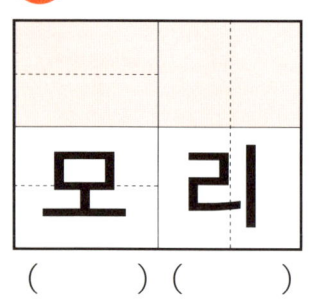

答え ① MO・RI（모리）― 森　② SU・GI（수기）― 杉
　　　③ MA・RU（마루）― 丸　④ YU・MI（유미）― 弓

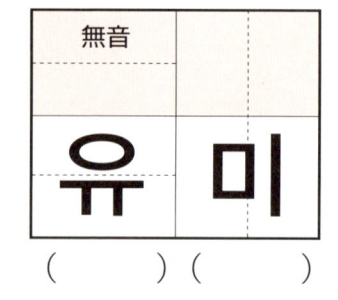

韓国語の単語を読んでみよう！

次の①、②は韓国語の単語です。例にならってハングルを分解し、色地の空欄にアルファベットを書いてみましょう。書き終えたらCDを聴いて、発音してみましょう。

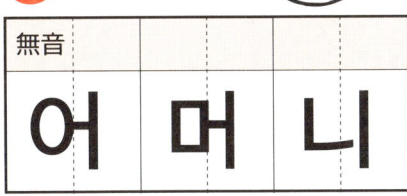

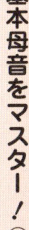

〔例〕橋

T	A	R	I
다		리	

韓国語の単語だよ。**다리**は「橋」という意味なんだ。

① お父さん

無音		
아	버	지

② お母さん

無音		
어	머	니

答え ① A・BO・JI (아버지 アボジ) アポチではなくて「アボジ」
② O・MO・NI (어머니 オモニ) 口を大きく開ける「オ」と「モ」

今日のまとめ

ㄱ〔K・G〕とㄷ〔T・D〕、ㅂ〔P・B〕とㅈ〔CH・J〕は、語中では濁ります。練習しながら、少しずつ慣れていきましょう。

❓ クイズであそぼ！

イラストの中に**갸**(キャ)、**노**(ノ)、**두**(トゥ)、**류**(リュ)、**므**(ム)の文字があります。**갸**(キャ)の枠を黄色、**노**(ノ)の枠を赤、**두**(トゥ)の枠を緑、**류**(リュ)の枠を水色、**므**(ム)の枠を茶色で塗ると、何の絵が現れるでしょう？

答え 車と木

4日め 基本

基本子音と基本母音をマスター！②

「3日め」の子音と母音の組み合わせはうまくできましたか？
「4日め」も、基本子音と基本母音の組み合わせでできる文字を反復練習します。ハングルがどんどん読めるようになる快感をぜひ味わってください。

今日、マスターする文字は…

カ・ガ
가の行

ナ
나の行

タ・ダ
다の行

ラ
라の行

マ
마の行

パ・バ
바の行

サ
사の行

ア
아の行

チャ・ジャ
자の行

ハ
하の行

4日め チャレンジしよう！

基本子音と基本母音の組み合わせでできる単語を作り、読んでみましょう。

文字を作ろう！

次の日本語の単語をハングルで綴るとどうなりますか。切り取ったハングルカードから正しい子音を選んで、空いている枠に入れてみましょう。

① 学ぶ（まなぶ）

M	A	N	A	B/U
ハングルカードをおきましょう	ㅏ	ハングルカードをおきましょう	ㅏ	ハングルカードをおきましょう
				ㅜ

② 意義（いぎ）

無音	I	G	I
ハングルカードをおきましょう	ㅣ	ハングルカードをおきましょう	ㅣ

答え
① ㅁ・ㄴ・ㅂ（마나부） 부は濁ります
② ㅇ・ㄱ（이기） 기は濁ります

③ 風呂（ふろ）

H	ハングルカードをおきましょう	R	ハングルカードをおきましょう
U	ㅜ	O	ㅗ

④ 蕎麦（そば）

S O	B	A
ハングルカードをおきましょう	ハングルカードをおきましょう	ㅏ
ㅗ		

⑤ 網（あみ）

無音	A	M	I
ハングルカードをおきましょう	ㅏ	ハングルカードをおきましょう	ㅣ

答え ③ ㅎ・ㄹ（후로）　④ ㅅ・ㅂ（소바）ㅂは濁ります
　　　 ⑤ ㅇ・ㅁ（아미）

音を聴き取ろう！

CD 08

ハングルカード

発音や文字の形が似ているものにチャレンジしてみましょう。CDを聴いて、切り取ったハングルカードから正しい子音を選んで、空いている枠に入れてみましょう。

①

S	O
ハングルカードをおきましょう	ㅓ

②

M	YO
ハングルカードをおきましょう	ㅕ

③

S	ハングルカードをおきましょう
O	ㅗ

④

M	ハングルカードをおきましょう
YO	ㅛ

⑤

N	ハングルカードをおきましょう
YU	ㅠ

答え

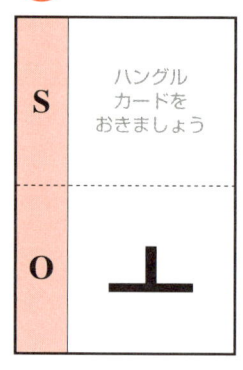

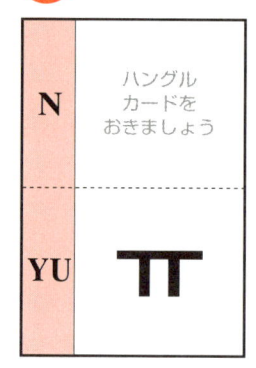

① ㅅ（서^ソ）ㅅ＋ㅓで「ソ」。口を大きく開ける「ソ」

② ㅁ（며^{ミョ}）ㅁ＋ㅕで「ミョ」。口を大きく開ける「ミョ」

③ ㅅ（소^ソ）ㅅ＋ㅗで「ソ」。日本語の「ソ」とほぼ同じ音です

④ ㅁ（묘^{ミョ}）ㅁ＋ㅛで「ミョ」。日本語の「ミョ」とほぼ同じ音です

⑤ ㄴ（뉴^{ニュ}）ㄴ＋ㅠで「ニュ」。日本語の「ニュ」とほぼ同じ音です

❻

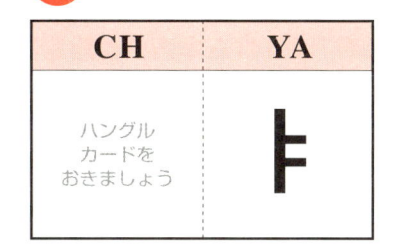

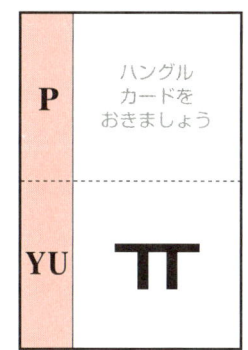

T	YA
ハングルカードをおきましょう	ㅑ

❼

CH	YA
ハングルカードをおきましょう	ㅑ

❹日め

基本子音と基本母音をマスター！②

❽

H	ハングルカードをおきましょう
U	ㅜ

❾

H	ハングルカードをおきましょう
U	ㅡ

❿

P	ハングルカードをおきましょう
YU	ㅠ

⓫

K	YA
ハングルカードをおきましょう	ㅑ

⓬

K	YO
ハングルカードをおきましょう	ㅕ

答え

⑥ ㄷ (댜ティャ) ㄷ＋ㅑで「ティャ」

⑦ ㅈ (쟈チャ) ㅈ＋ㅑで「チャ」。日本語の「チャ」とほぼ同じ音です

⑧ ㅎ (후フ) ㅎ＋ㅜで「フ」。日本語の「フ」とほぼ同じ音です

⑨ ㅎ (흐フ) ㅎ＋ㅡで「フ」。口を横に引く「フ」

⑩ ㅂ (뷰ピュ) ㅂ＋ㅠで「ピュ」。日本語の「ピュ」とほぼ同じ音です

⑪ ㄱ (갸キャ) ㄱ＋ㅑで「キャ」。日本語の「キャ」とほぼ同じ音です

⑫ ㄱ (겨キョ) ㄱ＋ㅕで「キョ」。口を大きく開ける「キョ」

47

ハングルを読んでみよう！

次の①～⑨は日本語の単語をハングルで表したものです。例にならってハングルを分解し、色地の空欄にアルファベットを、（　　）に読みがなを、それぞれ書いてみましょう。

〔例〕　空

S		R	A
O			

소　라
（ そ ）（ ら ）

①

나　미
（　　）（　　）

②

		無音		

료　우　리
（　　）（　　）（　　）

③

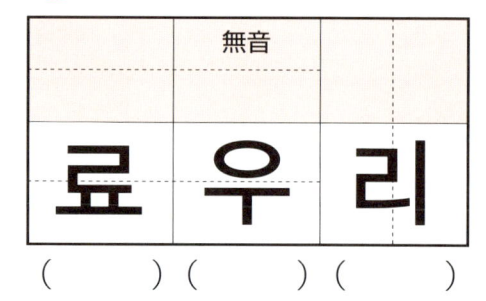

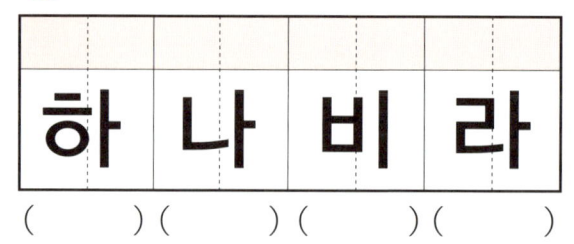

하　나　비　라
（　　）（　　）（　　）（　　）

答え　① NA・MI（나미）— 波(なみ)
② RYO・U・RI（료우리）— 料理(りょうり)
③ HA・NA・BI・RA（하나비라）— 花びら(はなびら)

④

모 모
(　)(　)

⑤

수 나 바
(　)(　)(　)

⑥

無音

요 부
(　)(　)

⑦

하 시 루
(　)(　)(　)

⑧

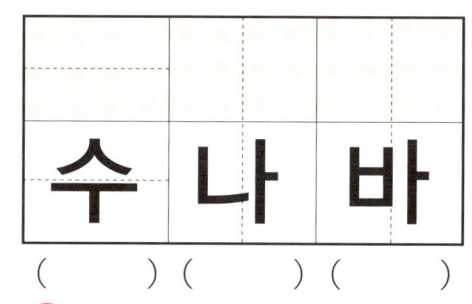

히 비
(　)(　)

⑨

無音

쇼 우 가
(　)(　)(　)

4日め　基本子音と基本母音をマスター！②

答え
④ MO・MO (모모) ― 桃（もも）
⑤ SU・NA・BA (수나바) ― 砂場（すなば）
⑥ YO・BU (요부) ― 呼ぶ（よぶ）
⑦ HA・SI・RU (하시루) ― 走る（はしる）
⑧ HI・BI (히비) ― 日々（ひび）
⑨ SYO・U・GA (쇼우가) ― 生姜（しょうが）

49

韓国語の単語を読んでみよう！

次の①～⑮は韓国語の単語です。ハングルを分解し、〔　〕にアルファベットを書いてみましょう。書き終えたらCDを聴いて、発音してみましょう。

① シーソー
〔　　　〕
시소

② 家具
〔　　　〕
가구

③ さつまいも
〔　　　〕
고구마

④ 通り
〔　　　〕
거리

⑤ ガラス
〔　　　〕
유리

⑥ 料理
〔　　　〕
요리

答え
① SI SO（시소）シ ソ
② KA GU（가구）漢字にすると「家具」。読みはカクではなくて「カグ」
③ KO GU MA（고구마）コクマではなくて「コグマ」
④ KO RI（거리）コリ　　⑤ YU RI（유리）ユリ
⑥ YO RI（요리）ヨ リ　漢字にすると「料理」

④日目 基本子音と基本母音をマスター！②

7 道路　〔　　　〕
도로

8 そこ　〔　　　〕
거기

9 肉　〔　　　〕
고기

10 トイレットペーパー　〔　　　〕
휴지

11 あたし・ぼく　〔　　　〕
나

12 きみ・おまえ　〔　　　〕
너

13 石けん　〔　　　〕
비누

14 行く　〔　　　〕
가다

15 来る　〔　　　〕
오다

答え
⑦ TO RO（トロ）（도로）
⑧ KO GI（コギ）（거기）口を大きく開ける「コ」
⑨ KO GI（コギ）（고기）
⑩ HYU JI（ヒュジ）（휴지）
⑪ NA（ナ）（나）
⑫ NO（ノ）（너）
⑬ PI NU（ピヌ）（비누）
⑭ KA DA（カダ）（가다）
⑮ O DA（オダ）（오다）

今日のまとめ

少し慣れてきたら、ㅓ〔O〕とㅗ〔O〕、ㅕ〔YO〕とㅛ〔YO〕、ㅜ〔U〕とㅡ〔U〕などの発音の違いも意識してみよう！

❓ クイズであそぼ！

それぞれのイラストが表す単語を韓国語に訳すと、どれになるでしょう？　イラストとハングルを線でつないでください。

きゅうり　　　シーソー　　　子ども

아이　　　오이　　　시소

答え　きゅうり：오이(オイ)　シーソー：시소(シソ)　子ども：아이(アイ)

5日め 応用

激音・濃音をマスター！

今日は、基本子音の文字をアレンジした形の激音（息を激しく吐き出す音）、濃音（息がつまる音）を練習しましょう。基本子音と形が似ていますが、発音は違うので、よく聴いてみてください。

今日、マスターする文字は…

激音

カ！
카の行

タ！
타の行

パ！
파の行

チャ！
차の行

濃音

ッカ
까の行

ッタ
따の行

ッパ
빠の行

ッサ
싸の行

ッチャ
짜の行

5日め 激音・濃音の文字をマスターしよう！

まずは、基本子音の中からカ・ガ、タ・ダ、パ・バ、サ、チャ・ジャの5文字を思い出してください。激音(げきおん)、濃音(のうおん)はこれらの基本子音をアレンジした形の文字です。

激音・濃音にアレンジされる子音は5文字

これらの基本子音は平音(へいおん)といい、息を少し吐き出して発音する音です。

カ・ガ	タ・ダ	パ・バ	サ	チャ・ジャ
[KA・GA]	[TA・DA]	[PA・BA]	[SA]	[CHA・JA]
가	다	바	사	자

● 1画付け足して激音

カ！	タ！	パ！		チャ！
[KA]	[TA]	[PA]		[CHA]
카	타	파	なし	차

● 子音字が2つ重なって濃音

ッカ	ッタ	ッパ	ッサ	ッチャ
[KKA]	[TTA]	[PPA]	[SSA]	[CCHA]
까	따	빠	싸	짜

激音のポイント

激音は、息を激しく吐き出す音です。お腹から息を吐き出すように発音します。平音と違い、**語中で濁ることはありません。**

カ！	タ！	パ！		チャ！
〔KA〕	〔TA〕	〔PA〕		〔CHA〕
카	타	파	なし	차

K、T、P、CHの子音のあとに **하**〔HA〕を付ける感覚で発音します。**사**の文字には、激音はありません。

濃音のポイント

濃音は、息がつまる音です。平音と違い、語中で濁ることはありません。**頭がつまるので、「ッ」が付いた音のように聞こえます。**

ッカ	ッタ	ッパ	ッサ	ッチャ
〔KKA〕	〔TTA〕	〔PPA〕	〔SSA〕	〔CCHA〕
까	따	빠	싸	짜

平音の子音字が2つ重なって音がつまる、と覚えましょう。
「まっか」の「っか」、「やった」の「った」、「かっぱ」の「っぱ」、「きっさ」の「っさ」、「まっちゃ」の「っちゃ」などが濃音に近い音です。

激音・濃音の発音をマスターしよう！

平音と激音、濃音の違いはなかなか日本人にはわかりにくいところです。ここで、それぞれの音の違いを聴いて、発音を練習してみましょう。

CDを聴いて発音してみよう！

ティッシュを1枚用意してください。息を少し吐く平音、息を激しく吐く激音、息のつまる濃音の、息の違いをティッシュを使って練習します。

平音	激音	濃音
カ・ガ〔KA・GA〕	カ！〔KA〕	ッカ〔KKA〕
가	카	까
少しゆれる	大きくゆれる	ゆれない

正しく発音すると、平音はティッシュが少しだけゆれ、激音は大きくゆれます。濃音はティッシュがゆれません。

平音	激音	濃音
タ・ダ〔TA・DA〕	タ！〔TA〕	ッタ〔TTA〕
다	타	따
少しゆれる	大きくゆれる	ゆれない

平音	激音	濃音
パ・バ〔PA・BA〕	パ！〔PA〕	ッパ〔PPA〕
바	파	빠 
少しゆれる	大きくゆれる	ゆれない

なかなか難しいのですが、平音、激音、濃音の違いは大事です。同じ「ピ」でも平音の비は「雨」、激音の피は「血」のように、意味がまったく異なってきます。

平音	激音	濃音
サ〔SA〕		ッサ〔SSA〕
사	なし	싸
少しゆれる		ゆれない

사には激音はありません。濃音だけです。

平音	激音	濃音
チャ・ジャ〔CHA・JA〕	チャ！〔CHA〕	ッチャ〔CCHA〕
자	차	짜
少しゆれる	大きくゆれる	ゆれない

ティッシュは思ったよりゆれないことに気づきましたか。激音は腹式呼吸で息を吐き出すように発音するのがポイントです。

❺日め　激音・濃音をマスター！

チャレンジしよう！

激音と濃音、基本母音の組み合わさった単語を作り、読んでみましょう。

文字を作ろう！ 激音編

次の日本語の単語をハングルで綴るとどうなりますか。正しい子音と母音を空いている枠に書いてみましょう。

① 柿（かき）

K	A	K	I

② 北（きた）

K	I	T	A

③ お茶（おちゃ）

無音		CH	A
O			

④ 過去（かこ）

K	A	K	
		O	

答え
① カキ（かき）　激音のキは語中でも濁りません
② キタ（きた）　激音のタは語中でも濁りません
③ 오차（おちゃ）　激音の차は語中でも濁りません
④ 카코（かこ）　激音のコは語中でも濁りません

⑤ 茎（くき）

K	
U	K	I

⑥ 釘（くぎ）

K	
U	G	I

⑦ 茶葉（ちゃば）

CH	A	B	A

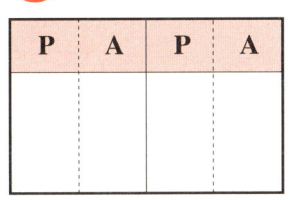

⑧ 旅（たび）

T	A	B	I

⑨ ポスト

P	S	T
O	U	O

⑩ パパ

P	A	P	A

⑤日め　激音・濃音をマスター！

答え
- ⑤ 쿠키　激音のㅋは語中でも濁りません
- ⑥ 쿠기　平音のㄱは語中では濁ります
- ⑦ 차바　平音のㅂは語中では濁ります
- ⑧ 타비　平音のㅂは語中では濁ります
- ⑨ 포스토　激音のㅌは語中でも濁りません
- ⑩ 파파　激音のㅍは語中でも濁りません

文字を作ろう！ 濃音編

次の日本語の単語をハングルで綴るとどうなりますか。正しい子音と母音を空いている枠に書いてみましょう。

① 括弧（かっこ）

K	A	KK
		O

② きっと

K	I	TT
		O

③ 発作（ほっさ）

H	SS	A
O		

④ もっと

M	TT
O	O

答え
① 카꼬　濃音の꼬はつまる音です
② 키또　濃音の또はつまる音です
③ 호싸　ㅎも息を吐き出す激音。濃音の싸はつまる音です
④ 모또　濃音の또はつまる音です

⑤ さっき

S	A	KK	I

⑥ とっさ

T		SS	A
O			

⑦ 河童（かっぱ）

K	A	PP	A

⑧ 抹茶（まっちゃ）

M	A	CCH	A

⑨ コップ

K	PP
O	U

⑩ バット

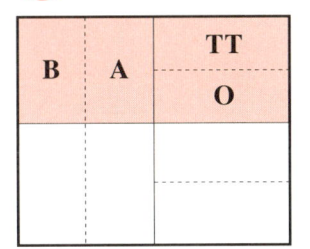

B	A	TT
		O

5日め　激音・濃音をマスター！

答え
- ⑤ 사끼　濃音の끼はつまる音です
- ⑥ 토싸　濃音の싸はつまる音です
- ⑦ 카빠　濃音の빠はつまる音です
- ⑧ 마짜　濃音の짜はつまる音です
- ⑨ 코뿌　濃音の뿌はつまる音です
- ⑩ 바또　濃音の또はつまる音です

韓国語の単語を読んでみよう！

次の①〜⑮は韓国語の単語です。ハングルを分解し、〔　　　〕にアルファベットを書いてみましょう。書き終えたらCDを聴いて、発音してみましょう。

① ピザ
〔　　　　〕
피자

② うさぎ
〔　　　　〕
토끼

③ スカート
〔　　　　〕
치마

④ 鼻
〔　　　〕
코

⑤ コーヒー
〔　　　　〕
커피

⑥ パパ
〔　　　　〕
아빠

答え
① PI JA （피자 ビジャ）　② TO KKI （토끼 トッキ） トキではなくて「トッキ」
③ CHI MA （치마 チマ）　④ KO （코 コ）
⑤ KO PI （커피 コビ） ㅗとㅓの違いに注意。ㅓは口を大きく開ける「コ」
⑥ A PPA （아빠 アッパ） アパではなくて「アッパ」

7 お茶
〔　　　　〕
차

8 唐辛子
〔　　　　〕
고추

9 ぶどう
〔　　　　〕
포도

10 切手
〔　　　　〕
우표

11 お兄さん(女性からみて)
〔　　　　〕
오빠

12 おじさん
〔　　　　〕
아저씨

13 安い
〔　　　　〕
싸다

14 大きい
〔　　　　〕
크다

15 しょっぱい
〔　　　　〕
짜다

5日め　激音・濃音をマスター！

答え　⑦ CHA (차) 漢字にすると「茶」　⑧ KO CHU (고추) コチュジャンの「コチュ」　⑨ PO DO (포도) ポトではなくて「ポド」　⑩ U PYO (우표)　⑪ O PPA (오빠)　⑫ A JO SSI (아저씨)　⑬ SSA DA (싸다)　⑭ KU DA (크다) 口を横に引く「ク」　⑮ CCHA DA (짜다)

今日のまとめ

激音は息を激しく吐き出す音で、語中でも濁りません。濃音は息がつまる音で、促音「ッ」が頭に付いているように聞こえます。

❓ クイズであそぼ！ CD 12

CDを聴いて、次の①〜③の単語の正しい綴りを選びましょう。激音と濃音の違いによく注意し、聴き取ってみてください。

① しょっぱい

　　A：짜다　　B：차다

② 安い

　　A：사다　　B：싸다

③ 大きい

　　A：끄다　　B：크다

答え
① A：짜다　　차다は「冷たい」です
② B：싸다　　사다は「買う」です
③ B：크다　　끄다は「消す」です

6日め 応用

合成母音をマスター！

今日は、基本母音の音が組み合わさってできる合成母音を練習しましょう。ワ、ウェ、ウォ、ウィなど、ちょっと複雑な発音がありますが、CDをよく聴いて練習してみてください。

今日、マスターする文字は…

エ	イェ	エ	イェ
애	얘	에	예

ワ	ウェ	ウェ	ウォ
와	왜	외	워

ウェ	ウィ	ウィ	
웨	위	의	

6日め 合成母音の仕組みを知ろう！

合成母音は母音の組み合わさった音で、文字も母音字で組み合わさっています。合成母音は全部で11個ありますが、まずはハングルカードを使い、わかりやすい例で説明しましょう。

文字を作ろう！

ハングルカードから、ㅗ(オ)を選んで左の枠に、ㅏ(ア)を選んで右の枠に入れてみましょう。

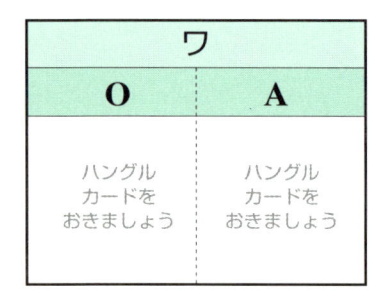

ワ	
O	A
ハングルカードをおきましょう	ハングルカードをおきましょう

オ〔O〕　　ア〔A〕　　ワ〔WA〕　　ワ〔WA〕

ㅗ ＋ ㅏ ＝ ㅘ ➡ 와

ㅗ(オ)とㅏ(ア)を組み合わせて「ワ」の合成母音ができ上がります。基本母音同様に、無音を表す文字 ㅇ（音を持たない文字）やそのほかの子音字を組み合わせて1つの文字になります。

このように、**母音どうしが組み合わさった母音を「合成母音」**といいます。

ㅜを左の枠に、ㅓを右の枠に入れてみましょう。ㅜとㅓの組み合わせで「ウォ」という合成母音ができ上がります。

ウォ	
U	O
ハングルカードをおきましょう	ハングルカードをおきましょう

ウ〔U〕　　　オ〔O〕　　　ウォ〔WO〕　　　ウォ〔WO〕

ㅜ ＋ ㅓ ＝ ㅝ → 워

6日め 合成母音をマスター！

ㅡを左の枠に、ㅣを右の枠に入れてみましょう。ㅡとㅣの組み合わせで「ウィ」という合成母音ができ上がります。

ウィ	
U	I
ハングルカードをおきましょう	ハングルカードをおきましょう

ウ〔U〕　　　イ〔I〕　　　ウィ〔WI〕　　　ウィ〔WI〕

ㅡ ＋ ㅣ ＝ ㅢ → 의

合成母音11個をマスターしよう！

基本母音と同様、合成母音もいままで学習してきた、すべての子音と組み合わさります。まずは子音のない母音で、合成母音の音を確認しましょう。

CDを聴いて発音してみよう！

エ〔E〕

ㅐ → 애

ㅏ〔A〕+ ㅣ〔I〕でできる文字。日本語の「え」とほぼ同じ音ですが、唇を少し横に引いて発音します。

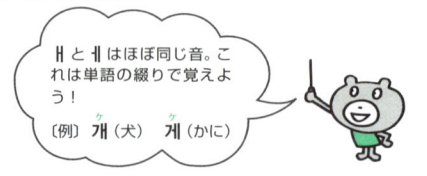

イェ〔YE〕

ㅒ → 얘

ㅑ〔YA〕+ ㅣ〔I〕でできる文字。唇を少し横に引いて「イェ」と発音します。

エ〔E〕

ㅔ → 에

ㅓ〔O〕+ ㅣ〔I〕でできる文字。日本語の「え」とほぼ同じ音です。

> ㅐとㅔはほぼ同じ音。これは単語の綴りで覚えよう！
> 〔例〕개（犬） 게（かに）

イェ〔YE〕

ㅖ → 예

ㅕ〔YO〕+ ㅣ〔I〕でできる文字。「イェ」と発音します。

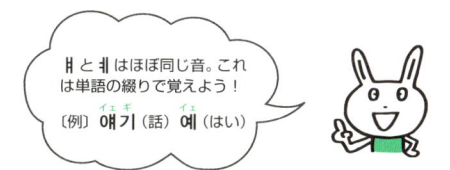

> ㅐとㅔはほぼ同じ音。これは単語の綴りで覚えよう！
> 〔例〕얘기(話) 예(はい)

ワ〔WA〕

ㅘ → 와

ㅗ〔O〕+ ㅏ〔A〕でできる文字。日本語の「わ」とほぼ同じ音です。

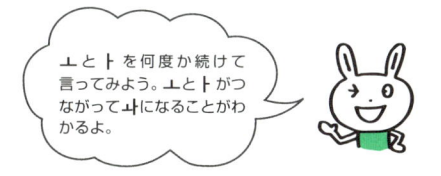

> ㅗとㅏを何度か続けて言ってみよう。ㅗとㅏがつながってㅘになることがわかるよ。

ウェ〔WE〕

ㅙ → 왜

ㅗ〔O〕+ ㅐ〔E〕でできる文字。唇を横に引いて「ウェ」と発音します。

ウェ〔WE〕

ㅚ → 외

ㅗ〔O〕+ ㅣ〔I〕でできる文字。「ウェ」と発音します。

6日め 合成母音をマスター！

ウォ〔WO〕

ㅜ〔U〕+ ㅓ〔O〕でできる文字。「ウォ」と発音します。

> ㅜとㅓを何度か続けて言ってみよう。ㅜとㅓがつながってㅝになることがわかるよ。

ウェ〔WE〕

ㅜ〔U〕+ ㅔ〔E〕でできる文字。「ウェ」と発音します。

ウィ〔WI〕

ㅜ〔U〕+ ㅣ〔I〕でできる文字。「ウィ」と発音します。

ウィ〔WI〕

ㅡ〔U〕+ ㅣ〔I〕でできる文字。唇を横に引いて「ウィ」と発音します。

> ㅟとㅢは少し違う音。ㅟは唇を横に引かない「ウィ」、ㅢは唇を横に引く「ウィ」だよ。

ためしに書き取り！

合成母音11個の書き取りをしましょう。

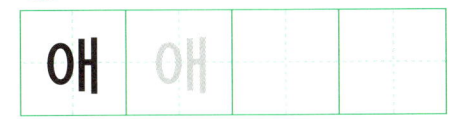

エ [E]
| 애 | 애 | | |

イェ [YE]
| 얘 | 얘 | | |

エ [E]
| 에 | 에 | | |

イェ [YE]
| 예 | 예 | | |

ワ [WA]
| 와 | 와 | | |

ウェ [WE]
| 왜 | 왜 | | |

ウェ [WE]
| 외 | 외 | | |

ウォ [WO]
| 워 | 워 | | |

ウェ [WE]
| 웨 | 웨 | | |

ウィ [WI]
| 위 | 위 | | |

ウィ [WI]
| 의 | 의 | | |

6日め 合成母音をマスター！

合成母音を基本子音と組み合わせると…

合成母音と基本子音が組み合わさった文字と音を練習してみましょう。ㄱ〔K〕の子音との組み合わせを例に挙げます。

CD 14 CDを聴いて発音してみよう！

〔K〕　エ〔E〕　ケ〔KE〕　　　　〔K〕　イェ〔YE〕　ケ〔KE〕
ㄱ ＋ ㅐ → 개　　　　　　　　　ㄱ ＋ ㅒ → 걔

※ ㅒ〔YE〕は子音が付くとㅐ〔E〕と同じ発音になる

〔K〕　エ〔E〕　ケ〔KE〕　　　　〔K〕　イェ〔YE〕　ケ〔KE〕
ㄱ ＋ ㅔ → 게　　　　　　　　　ㄱ ＋ ㅖ → 계

※ ㅖ〔YE〕は子音が付くとㅔ〔E〕と同じ発音になる

〔K〕　ワ〔WA〕　クァ〔KWA〕　　〔K〕　ウェ〔WE〕　クェ〔KWE〕
ㄱ ＋ ㅘ → 과　　　　　　　　　ㄱ ＋ ㅙ → 괘

〔K〕　ウェ〔WE〕　クェ〔KWE〕　〔K〕　ウォ〔WO〕　クォ〔KWO〕
ㄱ ＋ ㅚ → 괴　　　　　　　　　ㄱ ＋ ㅝ → 궈

〔K〕　ウェ〔WE〕　クェ〔KWE〕　〔K〕　ウィ〔WI〕　クィ〔KWI〕
ㄱ ＋ ㅞ → 궤　　　　　　　　　ㄱ ＋ ㅟ → 귀

〔K〕　ウィ〔WI〕　クィ〔KWI〕
ㄱ ＋ ㅢ → 긔

※ 긔は、「クィ」より「キ」に近い音になる

チャレンジしよう！

子音と合成母音の組み合わさった文字や単語を作り、読んで練習しましょう。

🎧 ハングルを読んでみよう！ (CD 15)

例にならってハングルを分解し、色地の空欄にアルファベットを書いてみましょう。書き終えたらCDを聴いて、発音してみましょう。

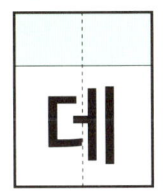

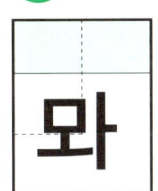

〔例〕

CH	WE
죄	

1 데

2 례

3 마

4 봬

5 쉬

6 쥐

答え
① T・E (데〈テ〉) ② R・E (례〈レ〉) ③ M・WA (마〈ムァ〉)
④ P・WE (봬〈プェ〉) ⑤ S・WO (쉬〈スォ〉) ⑥ CH・WI (쥐〈チュイ〉)

6日め　合成母音をマスター！

⑦
좌

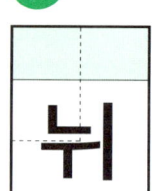

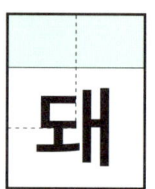

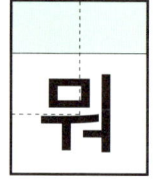

⑧
궤

⑨
뉘

⑩
혜

⑪
無音
의

⑫
돼

⑬
뭐

⑭
봐

⑮
새

答え
- ⑦ CH・WA (좌) チュア
- ⑧ K・WE (궤) クェ
- ⑨ N・WI (뉘) ヌィ
- ⑩ H・E (혜) ヘ
- ⑪ WI (의) ウィ
- ⑫ T・WE (돼) トェ
- ⑬ M・WO (뭐) ムォ
- ⑭ P・WA (봐) プァ
- ⑮ S・E (새) セ

韓国語の単語を読んでみよう！

次の①～⑥は韓国語の単語です。ハングルを分解し、〔　〕にアルファベットを書いてみましょう。書き終えたらCDを聴いて、発音してみましょう。

① 鍋
〔　　　　〕
찌개

② ねずみ
〔　　　　〕
쥐

③ 歌
〔　　　　〕
노래

④ かに
〔　　　　〕
게

⑤ 犬
〔　　　　〕
개

⑥ 時計
〔　　　　〕
시계

6日め　合成母音をマスター！

答え
① CCHI GE（찌개）キムチチゲの「チゲ」 ッチゲ
② CHWI（쥐）チュイ　③ NO RE（노래）ノ レ　④ KE（게）ケ
⑤ KE（개）ケ 「かに」との綴りの違いに注意。発音はほぼ同じです
⑥ SI GE（시계）シ ゲ　ㅖ〔YE〕は子音が付くとㅔ〔E〕と同じ発音になるので注意

今日のまとめ

合成母音には似たような音がたくさんありますが、大まかにいえば、「エ」「イェ」「ワ」「ウェ」「ウォ」「ウィ」の6つです。

❓ クイズであそぼ！ CD 17

CDを聴いて、次の①〜③の単語の正しい綴りを選びましょう。

① 話

　　A：얘기　　B：애기

② 赤ちゃん

　　A：얘기　　B：애기

③ 医師

　　A：위치　　B：의사

答え
① A：얘기　얘기は「赤ちゃん」です
② B：애기　애기は「話」です
③ B：의사　위치は「位置」です

7日め 応用

パッチムをマスター！

韓国語の単語には母音で終わる音、子音で終わる音があります。子音で終わる音の最後の子音をパッチムといいます。今日は、このパッチムについて練習しましょう。

今日、マスターする文字は…

K のパッチム	…	ㄱ ㅋ ㄲ
T のパッチム	…	ㄷ ㅌ ㅅ ㅆ ㅈ ㅊ ㅎ
P のパッチム	…	ㅂ ㅍ
N のパッチム	…	ㄴ
M のパッチム	…	ㅁ
NG のパッチム	…	ㅇ
L のパッチム	…	ㄹ

7日め パッチムの仕組みを知ろう！

子音で終わる音の最後の子音を「パッチム」といいます。このパッチムとは"支え"という意味で、子音と母音の組み合わさった文字を下から支える形で書き表します。まず、ハングルカードを使い、子音で終わる文字を作ってみましょう。

文字を作ろう！

ハングルカードから、ㄱ〔K〕を選んで枠の左上に、ㅏ〔A〕を選んで右上に、さらにㄷ〔T〕を選んで下にそれぞれ入れてみましょう。

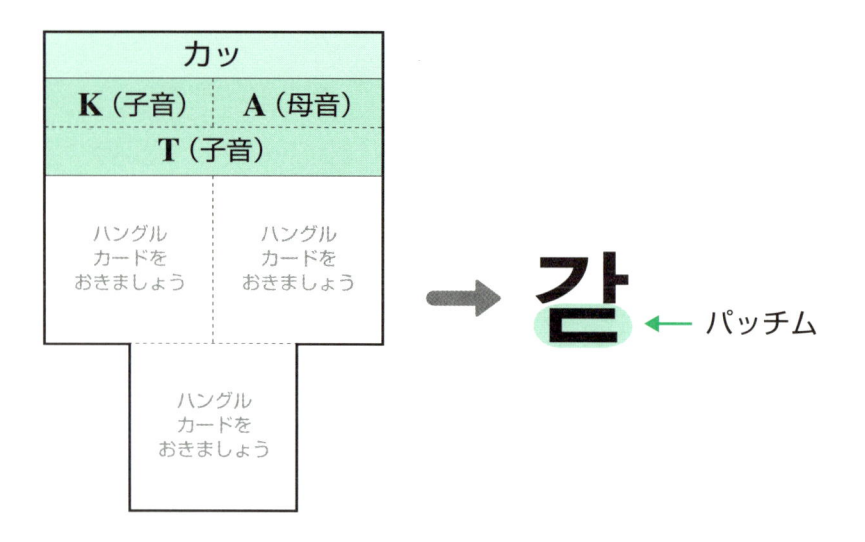

カッ	
K（子音）	A（母音）
T（子音）	
ハングルカードをおきましょう	ハングルカードをおきましょう
ハングルカードをおきましょう	

→ 갇 ← パッチム

ㄱ〔K〕、ㅏ〔A〕、ㄷ〔T〕の組み合わせで、갇〔KAT〕の文字ができ上がります。

左側には、ㅁ〔M〕を枠の一番上に、ㅗ〔O〕をまん中に、ㄴ〔N〕を下にそれぞれ入れてみましょう。
次に右側には、ㅎ〔H〕を枠の一番上に、ㅗ〔O〕をまん中に、ㄴ〔N〕を下にそれぞれ入れてみましょう。

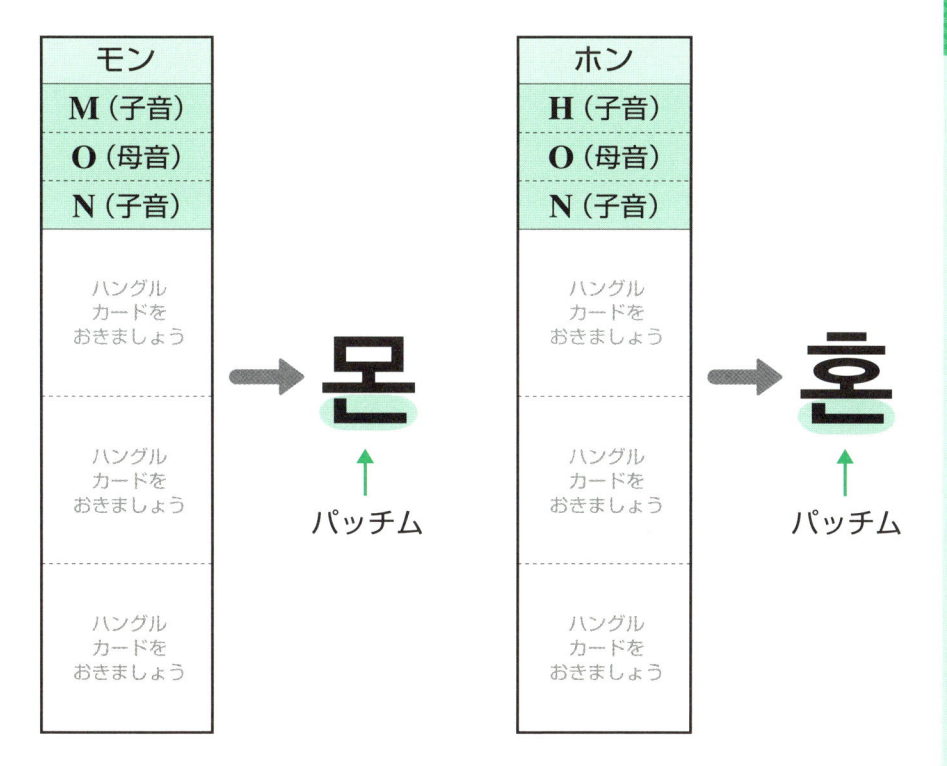

モン
M（子音）
O（母音）
N（子音）
ハングルカードをおきましょう
ハングルカードをおきましょう
ハングルカードをおきましょう

➡ 몬
↑
パッチム

ホン
H（子音）
O（母音）
N（子音）
ハングルカードをおきましょう
ハングルカードをおきましょう
ハングルカードをおきましょう

➡ 혼
↑
パッチム

ㅁ〔M〕、ㅗ〔O〕、ㄴ〔N〕の組み合わせで、몬〔MON〕の文字ができ上がります。また、ㅎ〔H〕、ㅗ〔O〕、ㄴ〔N〕の組み合わせで、혼〔HON〕の文字ができ上がります。

パッチムにはK、T、P、N、M、NG、Lの7つの発音があります。
では次に、パッチムの7つの発音と、文字での表し方を学習していきましょう。

7日め パッチムをマスター！

7つのパッチムをマスターしよう！

パッチムの発音は全部で7音、パッチムを表す文字は全部で16字あります。

CDを聴いて発音してみよう！

Kのパッチム

発音は、いずれも **アㇰ**〔AK〕

악 알 앆 ← パッチム

基本子音の ㄱ〔K・G〕、激音の ㅋ〔K〕、濃音の ㄲ〔KK〕は、いずれもK子音のパッチムを表します。「あっか〔AKKA〕」と言うときの「あっ〔AK〕」で止まる音です。K子音のパッチムは「く〔KU〕」を最後まで言わず、途中で止める感じで発音してみてください。

Tのパッチム

発音は、いずれも **アッ**〔AT〕

앋 앝 앗 았 앚 앛 앟 ← パッチム

基本子音の ㄷ〔T・D〕、激音の ㅌ〔T〕、基本子音の ㅅ〔S〕、濃音の ㅆ〔SS〕、基本子音の ㅈ〔CH〕、激音の ㅊ〔CH〕、基本子音の ㅎ〔H〕は、いずれもT子音のパッチムを表します。「あった〔ATTA〕」と言うときの「あっ〔AT〕」で止まる音です。T子音のパッチムは「つ〔TU〕」を最後まで言わず、途中で止める感じで発音してみてください。

Pのパッチム

発音は、いずれも **アㇷ゚**〔AP〕

압　앞 ← パッチム

基本子音の ㅂ〔P〕、激音の ㅍ〔P〕は、いずれもP子音のパッチムを表します。「あっぷ〔APPU〕」と言うときの「あっ〔AP〕」で止まる音です。P子音のパッチムは「ぷ〔PU〕」を最後まで言わず、途中で止める感じで発音してみてください。

Nのパッチム

アン〔AN〕

안 ← パッチム

基本子音の ㄴ〔N〕は、N子音のパッチムを表します。「あんな〔ANNA〕」と言うときの「あん〔AN〕」で止まる音です。N子音のパッチムは「ぬ〔NU〕」を最後まで言わず、途中で止める感じで発音してみてください。

Mのパッチム

アㇺ〔AM〕

암 ← パッチム

基本子音の ㅁ〔M〕は、M子音のパッチムを表します。「あんま〔AMMA〕」と言うときの「あん〔AM〕」で止まる音です。M子音のパッチムは「む〔MU〕」を最後まで言わず、途中で止める感じで発音してみてください。

NGのパッチム

ア ン〔ANG〕

앙 ← パッチム

基本子音の ㅇ〔無音〕はパッチムの場合、NG子音になります。「あんぐ〔ANGU〕」と言うときの「あん〔ANG〕」で止まる音です。NG子音のパッチムは「んぐ〔NGU〕」を最後まで言わず、途中で止める感じで発音してみてください。

Lのパッチム

ア ル〔AL〕

알 ← パッチム

基本子音の ㄹ〔R〕は、L子音のパッチムを表します。この発音は日本語にはありません。「ある〔ALU〕」と言うときの「る〔LU〕」が途中で止まる音です。L子音のパッチムは「る〔LU〕」を最後まで言わず、途中で止める感じで発音してみてください。

ためしに書き取り！

パッチムのある文字の書き取りをしましょう。

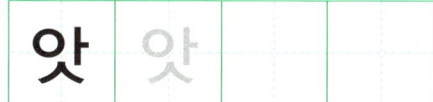

アク〔AK〕
| 악 | 악 | | |

アク〔AK〕
| 악 | 악 | | |

アッ〔AT〕
| 앝 | 앝 | | |

アッ〔AT〕
| 앝 | 앝 | | |

アッ〔AT〕
| 앗 | 앗 | | |

アッ〔AT〕
| 았 | 았 | | |

アプ〔AP〕
| 압 | 압 | | |

アプ〔AP〕
| 앞 | 앞 | | |

アン〔AN〕
| 안 | 안 | | |

アム〔AM〕
| 암 | 암 | | |

アン〔ANG〕
| 앙 | 앙 | | |

アル〔AL〕
| 알 | 알 | | |

7日め　パッチムをマスター！

チャレンジしよう！

パッチムのある、文字や単語を読んで練習しましょう。

🎧 CD 19　ハングルを読んでみよう！

例にならってハングルを分解し、色地の空欄にアルファベットを書いてみましょう。書き終えたらCDを聴いて、発音してみましょう。

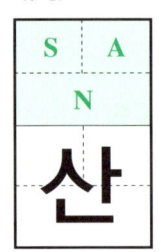

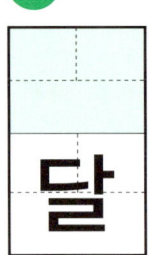

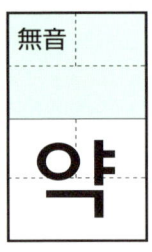

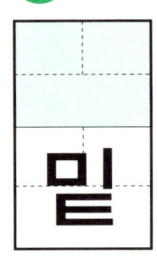

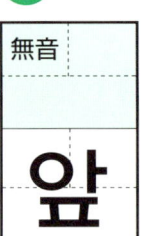

〔例〕

S	A
N	

산

1 김

2 달

3 약（無音）

4 밑

5 앞（無音）

6 강

答え
① K・I・M（김 キム）　② T・A・L（달 タル）　③ YA・K（약 ヤク）
④ M・I・T（밑 ミッ）　⑤ A・P（앞 アプ）　⑥ K・A・NG（강 カン）

韓国語の単語を読んでみよう！

次の①〜⑥は韓国語の単語です。ハングルを分解し、〔　〕にアルファベットを書いてみましょう。書き終えたらCDを聴いて、発音してみましょう。

7日め　パッチムをマスター！

1 水
〔　　　　〕
물

2 ご飯
〔　　　　〕
밥

3 お金
〔　　　　〕
돈

4 駅
〔　　　　〕
역

5 ボール
〔　　　　〕
공

6 夜
〔　　　　〕
밤

答え
① MU L（물）ムル L子音のパッチム
② PA P（밥）パプ P子音のパッチム
③ TO N（돈）トン N子音のパッチム
④ YO K（역）ヨク K子音のパッチム
⑤ KO NG（공）コン NG子音のパッチム
⑥ PA M（밤）パム M子音のパッチム

今日のまとめ

パッチムの発音は**K**子音、**T**子音、**P**子音、**N**子音、**M**子音、**NG**子音、**L**子音の7種類。文字は、少しずつ覚えていきましょう。

? クイズであそぼ!

パッチムが加わると、それぞれどんな文字や音になるでしょう?
ハングルとアルファベットを書いてみよう。

　　　　　　　　　　　　ハングル　　　　アルファベット

① 나 + ㅈ =〔　　　　〕〔　　　　　〕

② 머 + ㅅ =〔　　　　〕〔　　　　　〕

③ 바 + ㅇ =〔　　　　〕〔　　　　　〕

④ 소 + ㄴ =〔　　　　〕〔　　　　　〕

⑤ 벼 + ㄹ =〔　　　　〕〔　　　　　〕

答え
① 낮(ナッ)(昼) NAT　② 멋(モッ)(おしゃれ) MOT
③ 방(パン)(部屋) PANG　④ 손(ソン)(手) SON
⑤ 별(ピョル)(星) PYOL

きほんの単語

「7日め」までの学習でひととおりの文字が読めるように
なりましたね。次は、激音や濃音、合成母音やパッチムなど
さまざまな要素を含んだ単語を聴いて
書く練習をしてみましょう。

飲食店で使う単語

食事の場面で使ういろいろな単語の発音を聴き、書いてみましょう。

CD 21　CDを聴いて発音してみよう！

❶ 水　물
❷ ビール　맥주
❸ キムチ　김치
❹ ナムル　나물
❺ 鍋（チゲ）　찌개
❻ 皿　접시
❼ はし　젓가락
❽ スプーン　숟가락

ためしに書き取り！

単語の書き取りをしましょう。

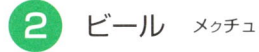

1 水　ムル

물

2 ビール　メクチュ

맥주

3 キムチ　キムチ

김치

4 ナムル　ナムル

나물

5 鍋（チゲ）　ッチゲ

찌개

6 皿　チョプシ

접시

7 はし　チョッカラク

젓가락

8 スプーン　スッカラク

숟가락

ショッピングで使う単語

買い物の場面で使ういろいろな単語の発音を聴き、書いてみましょう。

CDを聴いて発音してみよう！ (CD 22)

- ❹ 半そで　반팔
- ❼ 黒　검은색
- ❽ レジ　계산대
- ❻ 白　흰색
- ❸ 長そで　긴팔
- ❷ ズボン　바지
- ❺ はき物　신발
- ❶ スカート　치마

ためしに書き取り！

単語の書き取りをしましょう。

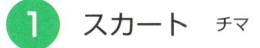

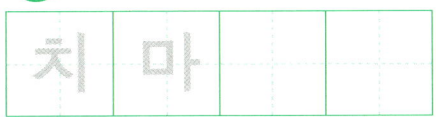

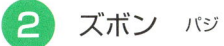

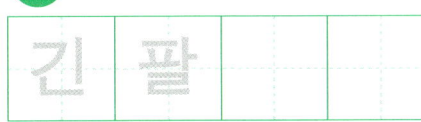

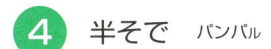

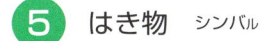

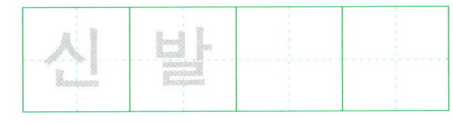

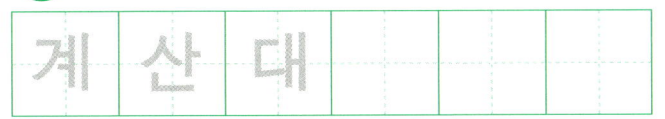

1 スカート　チマ

| 치 | 마 | | |

2 ズボン　パジ

| 바 | 지 | | |

3 長そで　キンパル

| 긴 | 팔 | | |

4 半そで　パンパル

| 반 | 팔 | | |

5 はき物　シンバル

| 신 | 발 | | |

6 白　フィンセク

| 흰 | 색 | | |

7 黒　コムンセク

| 검 | 은 | 색 | | | |

8 レジ　ケサンデ

| 계 | 산 | 대 | | | |

ショッピングで使う単語

旅行で使える単語 ❶

観光の場面で使ういろいろな単語の発音を聴き、書いてみましょう。

CD 23 CDを聴いて発音してみよう！

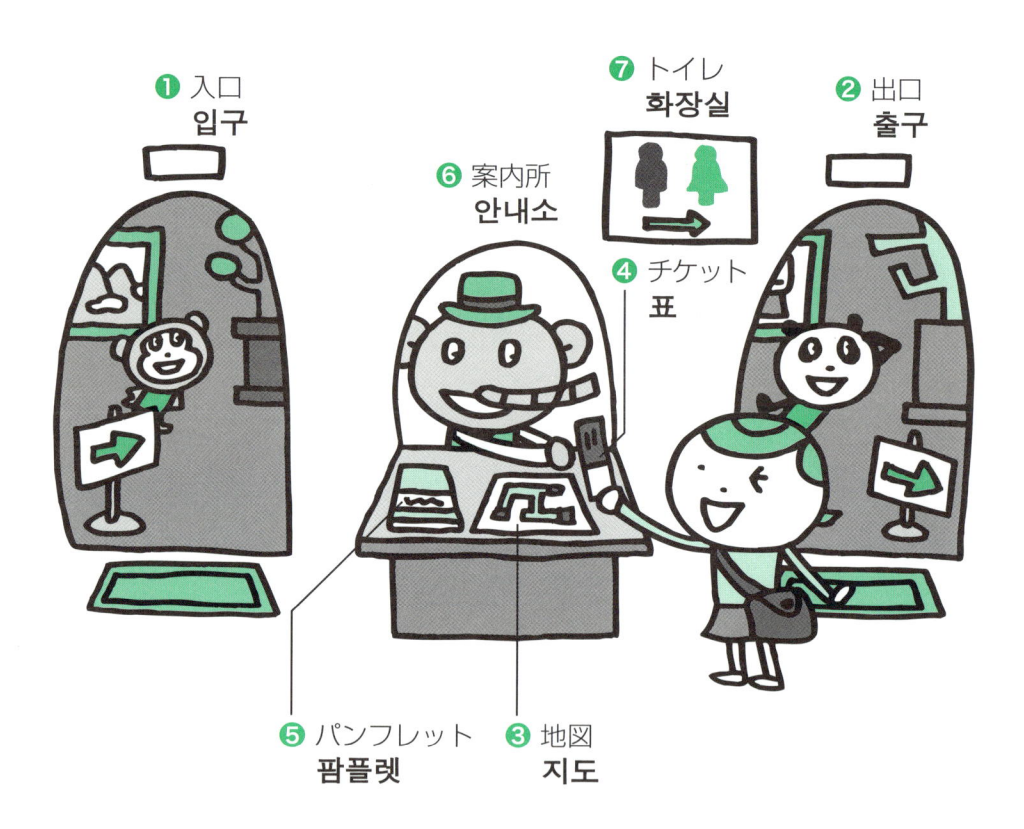

❶ 入口　입구
❷ 出口　출구
❸ 地図　지도
❹ チケット　표
❺ パンフレット　팜플렛
❻ 案内所　안내소
❼ トイレ　화장실

ためしに書き取り！

単語の書き取りをしましょう。

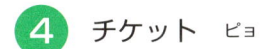

1 入口　イプク

입	구		

2 出口　チュルグ

출	구		

3 地図　チド

지	도		

4 チケット　ピョ

표			

5 パンフレット　パムプルレッ

팜	플	렛			

6 案内所　アンネソ

안	내	소			

7 トイレ　ファジャンシル

화	장	실			

きほんの単語　旅行で使える単語❶

旅行で使える単語❷

旅行中のさまざまな場面で使ういろいろな単語の発音を聴き、書いてみましょう。

CDを聴いて発音してみよう！ (CD 24)

- ❶ かばん / 가방
- ❷ 財布 / 지갑
- ❸ カード / 카드
- ❹ パスポート / 여권
- ❺ 時計 / 시계
- ❻ デジカメ / 디카
- ❼ 携帯電話 / 핸드폰
- ❽ 化粧品 / 화장품

ためしに書き取り！

単語の書き取りをしましょう。

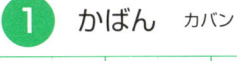

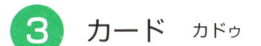

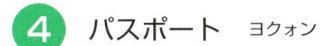

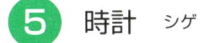

1. かばん　カバン

　가　방

2. 財布　チガプ

　지　갑

3. カード　カドゥ

　카　드

4. パスポート　ヨクォン

　여　권

5. 時計　シゲ

　시　계

6. デジカメ　ディカ

　디　카

7. 携帯電話　ヘンドゥポン

　핸　드　폰

8. 化粧品　ファジャンプム

　화　장　품

きほんの単語

旅行で使える単語❷

❓ クイズであそぼ！ CD 25

覚えた単語を聴き取って、書いてみましょう。ちょっと難しいけれど、チャレンジしてみてください。

❶ ビール　　　（　　　）

❷ キムチ　　　（　　　）

❸ ズボン　　　（　　　）

❹ 半そで　　　（　　　）

❺ 出口　　　　（　　　）

❻ 地図　　　　（　　　）

❼ 財布　　　　（　　　）

❽ 携帯電話　　（　　　）

答え
❶ メクチュ 맥주　❷ キムチ 김치　❸ パジ 바지　❹ パンパル 반팔　❺ チュルグ 출구
❻ チド 지도　❼ チガプ 지갑　❽ ヘンドゥポン 핸드폰

きほんのフレーズ

最後は「発音の変化のルール」と「きほんの文法」を
簡単に学習してから、短いフレーズを話してみましょう。
フレーズは非常にゆっくり読んだもの、少しゆっくり読んだもの、
ナチュラルに読んだもの、の3回分が収録されています。
CDを聴いて、文字をよく見て練習しましょう。

発音の変化のルール

文字が読めるようになってくると、「あれ？ ハングルの綴りと実際の発音が違うな」と思うことが出てきます。実は韓国語には文字どおりの発音ではなくなる、「音変化」というものがあるのです。これは、発音しやすくするために音が変わるもので、ここで基本的なものをいくつか説明します。最初はちょっと難しいかもしれませんが、少しずつ慣れていきましょう。

CD 26 ルール1　連音化

パッチムの次にくる文字が母音で始まる場合、パッチムの音が母音とつながって発音されます。これを「連音化」といいます。

「日本語」という単語を例に説明しましょう。

綴りどおりの発音
〔IL・BON・O〕
イル　ボン　オ
일본어

→

実際の発音
〔IL・BO・NO〕
イル　ボ　ノ
(일보너)

※連音化をわかりやすくするための表記で、実際はこのようには書きません

※Nの子音が次の母音Oとつながる

CD 27 ルール2　鼻音化

パッチムㄱ〔K〕、ㄷ〔T〕、ㅂ〔P〕のあとに、ㄴ〔N〕またはㅁ〔M〕の子音がくるとパッチムの音が次のように変化します。

ㄱ〔K〕→ㅇ〔NG〕　　　ㄷ〔T〕→ㄴ〔N〕　　　ㅂ〔P〕→ㅁ〔M〕

ㅇ〔NG〕、ㄴ〔N〕、ㅁ〔M〕は鼻にかかる音なので、鼻音と呼ばれます。パッチムの発音が鼻音に変わるので、これを「鼻音化」といいます。

「〜です」という語尾を例に説明しましょう。

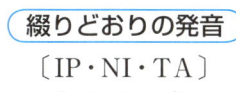

綴りどおりの発音
〔IP・NI・TA〕
イプ ニ タ
입니다

→

実際の発音
〔IM・NI・DA〕
イム ニ ダ
（임니다）

※鼻音化をわかりやすくするための表記で、実際はこのようには書きません

※Pの子音がMの子音に変わる

🎧CD 28　ルール３　濁音化

基本子音の ㄱ〔K〕、ㄷ〔T〕、ㅂ〔P〕、ㅈ〔CH〕が語中にきた場合、それぞれ ㄱ〔K→G〕、ㄷ〔T→D〕、ㅂ〔P→B〕、ㅈ〔CH→J〕と音が濁って発音されます。これを「濁音化」といいます。

「夫婦」という単語を例に説明しましょう。

〔PU・BU〕
プ ブ
부부

※語中のPがBになる

🎧CD 29　ルール４　濃音化

パッチム ㄱ〔K〕、ㄷ〔T〕、ㅂ〔P〕のあとに、ㄱ〔K〕、ㄷ〔T〕、ㅂ〔P〕、ㅅ〔S〕、ㅈ〔CH〕の子音がくると、2つめの子音の音が次のように変化します。

ㄱ〔K〕→ㄲ〔KK〕　　ㄷ〔T〕→ㄸ〔TT〕　　ㅂ〔P〕→ㅃ〔PP〕
ㅅ〔S〕→ㅆ〔SS〕　　ㅈ〔CH〕→ㅉ〔CCH〕

音が濃音に変わるので、これを「濃音化」といいます。

「食堂」という単語を例に説明しましょう。

綴りどおりの発音
〔SIK・TANG〕
シクタン
식당

→

実際の発音
〔SIK・TTANG〕
シクッタン
（식땅）

※濃音化をわかりやすくするための表記で、実際はこのようには書きません

※Tの子音がTTの濃音に変わる

きほんの文法

語順が同じだったり、助詞があったり、丁寧な表現があったり…韓国語は日本語によく似ています。ここでは、そのポイントを大まかに説明しましょう。

きほん1　語順が同じ

主語、目的語、述語…の語順が日本語と同じです。単語を日本語と同じ語順に並べれば、韓国語の文が作れます。

わかりやすくするために、単語の訳を下に示して説明しましょう。

저는　　일본　　사람입니다.
チョヌン　イルボン　サラミムニダ
私は　　日本　　人　です

主語が省略されたりするのも日本語と似ています。

일본　　사람입니다.
イルボン　サラミムニダ
日本　　人　です

> 主語の「私は」が省略されています。

きほん2　助詞がある

「てにをは」にあたる助詞があります。

제　취미는　독서입니다.
チェ　チュイミヌン　トクソイムニダ
私の　趣味は　　読書　です

> 는は、「〜は」にあたる助詞です。

助詞が省略されることもあります。

물 주세요.
ム ル　チュ セ ヨ
お水　　ください

「お水をください」という文の「を」が省略されています。

> ### きほん3　用言の活用がある

用言の語尾が変化して、いろいろな表現になります。

공부합니다.
コン ブ ハ ム ニ ダ
勉強　　します

공부합니까?
コン ブ ハ ム ニ ッ カ
勉強　　しますか

공부했습니다.
コン ブ ヘッ ス ム ニ ダ
勉強　　しました

공부했습니까?
コン ブ ヘッ ス ム ニ ッ カ
勉強　　しましたか

> ### きほん4　丁寧な表現、くだけた表現がある

日本語のように丁寧な表現や、友だちあるいは目下の人に使うくだけた表現もあります。

괜찮습니다.
クェンチャンス ム ニ ダ
大丈夫です

괜찮아.
クェンチャ ナ
大丈夫だよ

あいさつのフレーズ CD30

▶こんにちは。　　안녕하세요?
　　　　　　　　　　アンニョンハセヨ
　　　　　　　　　　お元気ですか

▶(去る人に)さようなら。　안녕히 가세요.
　　　　　　　　　　　　アンニョンヒ カセヨ
　　　　　　　　　　　　お元気で　行ってください

▶(残る人に)さようなら。　안녕히 계세요.
　　　　　　　　　　　　アンニョンヒ ケセヨ
　　　　　　　　　　　　お元気で　いてください

▶ありがとうございます。　감사합니다.
※かしこまった言い方　　　カムサハムニダ
　　　　　　　　　　　　感謝します

▶ありがとうございます。　고맙습니다.
※やわらかい言い方　　　　コマプスムニダ
　　　　　　　　　　　　ありがとうございます

▶すみません。　　죄송합니다.
　　　　　　　　チェソンハムニダ
　　　　　　　　すみません

▶ごめんなさい。　미안합니다.
　　　　　　　　　ミアナムニダ
　　　　　　　　　ごめんなさい

日本語	韓国語	読み

▶ 失礼します。　　실례합니다.
シルレハムニダ / 失礼します

▶ いただきます。　　잘 먹겠습니다.
チャル モクケッスムニダ / よく 食べます

▶ ごちそうさまでした。　　잘 먹었습니다.
チャル モゴッスムニダ / よく 食べました

▶ お疲れさまです。　　수고하세요.
スゴハセヨ / お疲れさまです

▶ お疲れさまでした。　　수고하셨습니다.
スゴハショッスムニダ / お疲れさまでした

▶ よろしくお願いします。　　잘 부탁합니다.
チャル プタクハムニダ / よく お願いします

▶ 大丈夫です。　　괜찮습니다.
クェンチャンスムニダ / 大丈夫です

▶ お世話になりました。　　신세 많이 졌습니다.
シンセ マーニ チョッスムニダ / お世話を たくさん 受けました

きほんのフレーズ　あいさつのフレーズ

103

自己紹介のフレーズ CD31

▶はじめまして。
　　처음　뵙겠습니다.
　　(チョウム　プェプケッスムニダ)
　　はじめて　お目にかかります

▶私は山田と申します。
　　저는　야마다라고　합니다.
　　(チョヌン　ヤマダラゴ　ハムニダ)
　　私　は　山田　と　申します

▶私は主婦です。
　　저는　주부입니다.
　　(チョヌン　チュブイムニダ)
　　私　は　主婦　です

▶私は日本人です。
　　저는　일본　사람입니다.
　　(チョヌン　イルボン　サラミムニダ)
　　私　は　日本　人　です

▶私は会社員です。
　　저는　회사원입니다.
　　(チョヌン　フェサウォニムニダ)
　　私　は　会社員　です

▶私の趣味は読書です。
　　제　취미는　독서입니다.
　　(チェ　チュイミヌン　トクソイムニダ)
　　私の　趣味　は　読書　です

▶日本から来ました。
　　일본에서　왔습니다.
　　(イルボネソ　ワッスムニダ)
　　日本　から　来ました

▶私はドラマが好きです。	<ruby>チョ</ruby><ruby>ヌン</ruby> <ruby>トゥ</ruby><ruby>ラ</ruby> <ruby>マ</ruby><ruby>ルル</ruby> <ruby>チョ</ruby> <ruby>ア</ruby> <ruby>ハム</ruby><ruby>ニ</ruby> <ruby>ダ</ruby> 저는 드라마를 좋아합니다. 私は　　ドラマ　を　　　好きです
▶韓国は2回めです。	<ruby>ハン</ruby><ruby>グ</ruby> <ruby>グン</ruby> <ruby>トゥ</ruby> <ruby>ボン</ruby> <ruby>ッチェイム</ruby><ruby>ニ</ruby> <ruby>ダ</ruby> 한국은 두 번 째입니다. 韓国　は　2　回　め　　です
▶お会いできてうれしいです。	<ruby>マン</ruby><ruby>ナ</ruby><ruby>ソ</ruby> <ruby>パン</ruby><ruby>ガプ</ruby><ruby>スム</ruby><ruby>ニ</ruby> <ruby>ダ</ruby> 만나서 반갑습니다. お会いできて　うれしいです
▶お名前は何ですか？	<ruby>ソン</ruby> <ruby>ハ</ruby><ruby>ミ</ruby> <ruby>オッ</ruby><ruby>トッ</ruby><ruby>ケ</ruby> <ruby>トェ</ruby><ruby>セ</ruby><ruby>ヨ</ruby> 성함이 어떻게 되세요？ お名前　が　どのように　なりますか
▶お仕事は何ですか？	<ruby>ム</ruby> <ruby>スン</ruby> <ruby>ニ</ruby><ruby>ラ</ruby> <ruby>セ</ruby><ruby>ヨ</ruby> 무슨 일 하세요？ 何の　お仕事　していますか
▶おいくつですか？	<ruby>ナ</ruby><ruby>イ</ruby><ruby>ヌン</ruby> <ruby>オッ</ruby><ruby>トッ</ruby><ruby>ケ</ruby> <ruby>トェ</ruby><ruby>セ</ruby><ruby>ヨ</ruby> 나이는 어떻게 되세요？ 年　　は　どのように　なりますか
▶趣味は何ですか？	<ruby>チュイ</ruby><ruby>ミ</ruby> <ruby>ガ</ruby> <ruby>オッ</ruby><ruby>トッ</ruby><ruby>ケ</ruby> <ruby>トェ</ruby><ruby>セ</ruby><ruby>ヨ</ruby> 취미가 어떻게 되세요？ 趣味　が　どのように　なりますか
▶何が好きですか？	<ruby>ム</ruby> <ruby>オスル</ruby> <ruby>チョ</ruby> <ruby>ア</ruby> <ruby>ハ</ruby><ruby>セ</ruby><ruby>ヨ</ruby> 무엇을 좋아하세요？ 何　を　　好きですか

きほんのフレーズ／自己紹介のフレーズ

ショッピングで使うフレーズ

▶これをください。
이거 주세요.
イゴ チュセヨ
これ ください

▶これはいくらですか？
이거 얼마예요？
イゴ オルマエヨ
これ いくらですか

▶高いですね。
비싸네요.
ピッサネヨ
（値段が）高いですね

▶安いですね。
싸네요.
ッサネヨ
安いですね

▶安くしてください。
싸게 해 주세요.
ッサゲ ヘ チュセヨ
安く して ください

▶試着してもいいですか？
※靴と靴下以外に使う
입어 봐도 돼요？
イボ ブァド トェヨ
着て みても いいですか

▶はいてみてもいいですか？
※靴と靴下だけに使う
신어 봐도 돼요？
シノ ブァド トェヨ
はいて みても いいですか

▶ ほかの色はありますか？　다른 색 있어요?
　　　　　　　　　　　　タルン　セ　ギッソヨ
　　　　　　　　　　　　ほかの　色　ありますか

▶ 大きいサイズはありますか？　큰 사이즈 있어요?
　　　　　　　　　　　　　　クン　サイジュ　イッソヨ
　　　　　　　　　　　　　　大きい　サイズ　ありますか

▶ 小さいサイズはありますか？　작은 사이즈 있어요?
　　　　　　　　　　　　　　チャグン　サイジュ　イッソヨ
　　　　　　　　　　　　　　小さい　サイズ　ありますか

▶ あれを見せてください。　저거 좀 보여 주세요.
　　　　　　　　　　　　チョゴ　チョム　ポヨ　チュセヨ
　　　　　　　　　　　　あれ　ちょっと　見せて　ください

▶ カードでも払えますか？　카드도 돼요?
　　　　　　　　　　　　カドゥド　トェヨ
　　　　　　　　　　　　カード　でも　いいですか

▶ かわいいですね。　예쁘네요.
　　　　　　　　　イェップネヨ
　　　　　　　　　かわいいですね

▶ 結構です。　됐어요.
　※「いりません」の意味で使う
　　　　　　トェッソヨ
　　　　　　結構です

▶ また来ます。　또 올게요.
　　　　　　　ット　オルケヨ
　　　　　　　また　来ます

きほんのフレーズ

ショッピングで使うフレーズ

107

飲食店で使うフレーズ

▶ (お店の人を呼び止めるとき)
すみません。

여기요.
ヨギヨ
ここです

▶ 席はありますか？

자리 있어요？
チャリ イッソヨ
席　　ありますか

▶ 2人前ください。

이인분 주세요.
イインブン チュセヨ
2人分　　ください

▶ お水をください。

물 주세요.
ムル チュセヨ
水　　ください

▶ お皿をください。

접시 주세요.
チョプシ チュセヨ
お皿　　ください

▶ 辛くしないでください。

안 맵게 해 주세요.
アン メプケ ヘ チュセヨ
ない 辛く して ください

▶ マッコリをください。

막걸리 주세요.
マクコルリ チュセヨ
マッコリ　　ください

▶チャプチェはありますか？　**잡채 있어요?**
　　　　　　　　　　　　　チャプチェ　イッ ソ ヨ
　　　　　　　　　　　　　チャプチェ　ありますか

（お店の人に）
▶おいしくしてください。　**맛있게 해 주세요.**
　　　　　　　　　　　　　マ シッケ　ヘ　チュセ ヨ
　　　　　　　　　　　　　おいしく　して　ください

（お店の人が）
▶おいしく召し上がってください。　**맛있게 드세요.**
　　　　　　　　　　　　　　　　　マ シッケ　トゥセ ヨ
　　　　　　　　　　　　　　　　　おいしく　召し上がってください

▶おいしいですね。　**맛있네요.**
　　　　　　　　　マ シン ネ ヨ
　　　　　　　　　おいしいですね

▶おかわりをください。　**더 주세요.**
　　　　　　　　　　　ト　チュセ ヨ
　　　　　　　　　　　もっと　ください

▶持ち帰りはできますか？　**포장 돼요?**
　　　　　　　　　　　　ポ ジャン　トェ ヨ
　　　　　　　　　　　　包装　いいですか

▶片づけてください。　**치워 주세요.**
　　　　　　　　　　チ ウォ　チュセ ヨ
　　　　　　　　　　片づけて　ください

▶お会計をしてください。　**계산해 주세요.**
　　　　　　　　　　　　ケ サネ　チュセ ヨ
　　　　　　　　　　　　計算して　ください

きほんのフレーズ　飲食店で使うフレーズ

観光で使うフレーズ CD34

▶観光案内所はどこですか？
관광안내소가 어디예요?
クァングァンアンネソガ オディエヨ
観光案内所 が どこですか

▶地下鉄の駅はどこですか？
지하철역이 어디예요?
チハチョルリョギ オディエヨ
地下鉄駅 が どこですか

▶チケット売り場はどこですか？
매표소가 어디예요?
メピョソガ オディエヨ
チケット売り場 が どこですか

▶大人2枚ください。
어른 두 장 주세요.
オルン トゥ ジャン チュセヨ
大人 2 枚 ください

▶予約をしたいのですが。
예약하고 싶은데요.
イェヤクカゴ シプンデヨ
予約し たいのですが

▶日本語ガイドはいますか？
일본어 가이드 있어요?
イルボノ ガイドゥ イッソヨ
日本語 ガイド いますか

▶ちょっとおうかがいします。
말씀 좀 묻겠습니다.
マルスム チョム ムッケッスムニダ
お言葉 ちょっと うかがいます

110

▶トイレはどこですか？	화장실이 어디예요? ファジャンシリ オディエヨ 化粧室 が どこですか
▶何時からですか？	몇 시부터예요? ミョッ シブトエヨ 何 時 から ですか
▶何時までですか？	몇 시까지예요? ミョッ シッカジエヨ 何 時 まで ですか
▶写真を撮ってもいいですか？	사진 찍어도 돼요? サジン ッチゴド トェヨ 写真 撮っても いいですか
▶写真を撮ってください。	사진 좀 찍어 주세요. サジン チョム ッチゴ チュセヨ 写真 ちょっと 撮って ください
▶入ってもいいですか？	들어가도 돼요? トゥロガド トェヨ 入っても いいですか
▶出口はどこですか？	출구가 어디예요? チュルグガ オディエヨ 出口 が どこですか
▶パンフレットはありますか？	팜플렛 있어요? パムプルレッ イッソヨ パンフレット ありますか

きほんのフレーズ　観光で使うフレーズ

●著者

鄭惠賢（ジョン ヘヒョン）

韓国語センターBRAVO！専任講師。2000年に来日、2005年関東学院大学文学部比較文化学科を卒業。同大学在学中から韓国語センターBRAVO！の創立メンバーとして韓国語講師となる。

○著書

『30日で話せる韓国語会話』『文法からマスター！はじめての韓国語』(ナツメ社)

韓国語センター BRAVO！

2004年横浜市に開校。以降、神奈川県で横浜西口校、鎌倉校、本厚木校と展開。実際に使える韓国語を教えることをモットーに、ネイティブ講師陣による少人数制授業を実施している。有限会社エストが経営母体である。

7日で読める！書ける！話せる！

ハングル[超入門]BOOK

著 者	鄭惠賢
発行者	髙橋秀雄
編集者	宮﨑桃子
発行所	高橋書店

〒112-0013 東京都文京区音羽1-26-1
編集 TEL 03-3943-4529 / FAX 03-3943-4047
販売 TEL 03-3943-4525 / FAX 03-3943-6591
振替 00110-0-350650
http://www.takahashishoten.co.jp/

ISBN978-4-471-11313-1
Ⓒ TAKAHASHI SHOTEN　Printed in Japan

定価はカバーに表示してあります。本書の無断複写は著作権法上での例外を除き禁止されています。本書のいかなる電子複製も購入者の私的使用を除き一切認められておりません。また本書および付属のディスクの内容を、小社の承諾を得ずに複製、転載、放送、上映することは法律で禁止されています。無断での改変や、第三者への譲渡、販売（パソコンによるネットワーク通信での提供なども含む）、貸与および再使用許諾も禁じます。

造本には細心の注意を払っておりますが万一、本書および付属品にページの順序間違い・抜けなど物理的欠陥があった場合は、不良事実を確認後お取り替えいたします。下記までご連絡のうえ、必ず本書と付属ディスクを併せて小社へご返送ください。ただし、古書店等で購入・入手された商品の交換には一切応じません。

※本書についての問合せ　土日・祝日・年末年始を除く平日9：00〜17：30にお願いいたします。
　内容・不良品／☎03-3943-4529（編集部）
　在庫・ご注文／☎03-3943-4525（販売部）

※図書館の方へ　付属ディスクの貸出しは不可とし、視聴は館内に限らせていただいております。